はじめに

「理想の自分」に生まれ変わるための最高の方法

「もっと自分に自信をもてたら……」

「私もあの人のように、どうどうと振る舞えたら……」

「もっと度胸があって、緊張せずに話せたらどんなにラクだろう……」

本書を手に取ったあなたは、こんなふうに悩み、悔やんできたのではありませんか？　インターネットや書籍、セミナーなどで見つけた、さまざまな自信をつける方法を試してみたけれど、どれもあまり変化がなかった、あるいは、効果が持続しなかったのではないでしょうか。

自信とは、小手先のノウハウだけで身につくものではありません。

それが真実です。

心理カウンセラーである私のワークはどれも変わっていて、あなたの想像するものとは異なるかもしれません。ですが、言葉でいいきかせるだけでは得られない、**本物の自信を身につけるためのとっておきの方法**ばかりです。

本気で変わりたいと願うなら、恥ずかしくても、「本当にこんな方法で効くの?」と疑わしく感じても、とにかく本書に書いてあるとおりに実践してみてください。

実践すれば必ず効果が出ることは、日本を代表する女性を決める美の祭典、ミス・ユニバース・ジャパンの出場者たちによって実証ずみです。

プレッシャーや不安に押しつぶされ、「私なんかが日本代表になれるのかな……」とガチガチに緊張してうまく歩くこともできず、自己紹介では頭の中が真っ白になってだまりこんでしまっていたような彼女たちが、私のたった1時間ほどのレッスンを受けたあとに劇的な変貌を遂げるのです。

彼女たちが、**あがりや緊張を克服**して、世界中の人々の視線が注がれるステージで、どうどうと自分の美をアピールし、なめらかな口調で感動的なスピーチをする姿を何度も目にしてきました。

輝いている人には、理由がある

人は自信がつくと、話し方のほか、姿勢、ファッションなどの見た目、そして人間関係や人生にチャレンジする意欲といった内面まで、すべてが輝きをまとい、変わってくるのです。

2014年のミス・ユニバース・ジャパンに選ばれた辻恵子さんと、2015年のミス・ユニバース・ジャパンに選ばれた宮本エリアナさんは、私が担当した長崎大会から選出されています。その宮本エリアナさんは、こういってくれました。

「私は自分のことを表現するのがあまり好きではなく、抑えこんでしまっていました。でも、常冨先生に出会って考え方が変わりました。もっともっと、自分を表現していきます！」

ステージの上で巨大なプレッシャーと闘うミス・ユニバース・ジャパンの出場者たち。**彼女たちと、毎日の生活の中で他人の視線を気にしているあなたは、同じひ**

とりの女性です。

彼女たちは、私のほんの1時間のレッスンで自分を変え、そして生まれ変わりました。未来を変えました。じっくりと時間をかけて取り組むことのできるあなたが、変われないはずがありません。

世界が称賛する「美しい生き方」のための知恵を贈ります

本書では、ミス・ユニバース・ジャパンのファイナリストたちに教えたことだけではなく、さらに効果の高い自己改善のメソッドも紹介しています。

それらはどれも、「背が低いのでオシャレができない」「太っているから男性に縁がない」「小さいころから、母親にかわいいといってもらえなかった」などの、**個々人の特性や、家庭環境に深く根ざした劣等感を、根こそぎ大そうじしていくメソッド**です。小手先でごまかすようなものではありません。

ありのままの自分を、丸ごと肯定できるようになる、最強にして最高の方法です。

どんな人にもきっと効果があります。

「自信という最強の武器」を得たあなたに、この先どれほど素敵な人生が拓けていくのか？　説明するまでもないでしょう。あなたが夢見る人生、やりたいこと、楽しいこと、うれしいことがどんどん実現していきます。どれだけ時代が変わろうと、どんな環境にあろうとも、自分の思うとおりに、自分の足でしっかりと歩みを進めていけるようになります。

ワークを体験したファイナリストたちの絶賛の声、続々！

☆自然と涙があふれ出てきて癒やされました。美しい講義をありがとうございます!!
（２０１６年　富山代表　中沢あゆみさん）

☆涙が止まりませんでした。先生の暗示とイメージの力の大きさに驚きました。
（２０１６年　茨城代表　熊谷恵理子さん）

☆子どものころからあまり親にほめられることなく育ってきたのですが、小さなころに戻ってセルフイメージを修復することができると知ることができたのは私の一生の財産です。いろいろなことにおいて、もっと向上する可能性が見出せました！　ありがとうございます。

（2016年　山口代表　隈部沙耶香さん）

☆私は自分のことを表現するのがあまり好きではなく、抑えこんでしまっていましたが、常冨先生に出会って考え方が変わりました。もっともっと自分を表現していきます。

（2015年　長崎代表、日本代表、世界大会6位タイ　宮本エリアナさん）

人前に出て話すだけでも緊張していた彼女たちが、自信を高めて世界に通用する人に成長していく姿を見るにつけ、思うようになったことがあります。

私のレッスンを受けられる一部のかぎられた人たちだけでなく、もっともっと多くの女性に本当の自分の魅力を発揮してもらいたいと。そしてまた、自分にしか歩めないオリジナルな人生を、勇気をもって選んでいってほしいと。

そう、本書は、あなたの中にまだ秘められている魅力、能力、行動力を存分に発揮できるようにする一助になりたいと願い執筆したものです。

さあ、本書を左手に、希望を右手に、「理想の自分」に生まれ変わる一歩を踏み出しましょう！

常冨 泰弘

CONTENTS

ゆるぎない自信は、自分でつくれる

Chapter 2

ミス・ユニバース・ジャパンの特別な10日間
――心も磨き上げる「ビューティーキャンプ」メニューを公開

Chapter 3

世界一受けたい〝自分に自信をつける授業〟

——9割の人が涙した、心を癒やす教室へようこそ

たった1時間で、なぜ彼女たちは、生まれ変わったのか？

Chapter 4

すぐに折れない心をつくる新しいワーク
——短時間で絶大な効果のセルフイメージを高める法

Chapter 5

一生、折れない自信が続く！ アフターケア

――修復した〝心の土台〟を守るための注意点

Chapter 6

〝暮らしの質〟を高めて、心を満たす
——上質な日々がセルフイメージをアップし、大きな喜びをつれてくる

上質な言葉をふだん使いにする

編集協力　串田真洋／保住早紀
DTP　ケイズプロダクション

本書の効果的な使い方

まず、Ｃｈａｐｔｅｒ３の「子どものころの自分を癒やすワーク（92ページ）」と、Ｃｈａｐｔｅｒ４の「自分をほめてもらう……輝く魅力をインプット（１０７ページ）」を2週間、毎日続けてください。

その間に、Ｃｈａｐｔｅｒ４のそのほかのワークも並行して行ないます。

この2週間で、傷ついた心が癒やされ、劇的に人生が輝き始めます。

3週目以降は、築いた自信をキープするために、Ｃｈａｐｔｅｒ５のアフターケアを行ないます。さらにセルフイメージを改善し、未来をよりダイナミックに変えていきたいという意欲のある方は、Ｃｈａｐｔｅｒ６のコツを実践してください。

「やることがたくさんあって大変そう」と思われるかもしれませんが、どれも10分前後でできますし、やってみれば気持ちのいいことばかりです。

「ちょっとやってみよう」と一歩、踏み出せば、のどから手が出るほど望んでいた自信があなたのものになるのです！　実践しない手はありません。

Chapter 1

女性は「自信」で9割変わる

―いつも魅力的な人は、「自信のパワー」を味方にしてきた

The great way to give confidence to yourself

美女たちをささえた「自信」の正体

心理カウンセラーの私が「美の祭典」ミス・ユニバース・ジャパンに必要とされる理由

女性の一生は、「自信」で大きく変わります。

自信は、心の在り方や容姿、ファッションなど、生き方のすべてに大きな影響を与えるからです。

心理カウンセラーである私は、2014年から毎年、ミス・ユニバース・ジャパン日本大会の「ビューティーキャンプ」でメンタル面の講義を担当し、セルフイメージを高めて未来を切り拓いていく方法を教えています。2015年、2016年には長崎大会のビューティーキャンプでも講師を務めました。

ミス・ユニバース・ジャパンとは、一般社団法人ミス・ユニバース・ジャパンが主催する、日本一の女性を決定する美の祭典です。各都道府県で参加者を募って地方大会を開催し、都道府県ごとの代表を決定します。各都道府県大会の優勝者となった47人が、ファイナリストとして日本大会に進出します。

この日本大会で1位に輝いた「ミス・ユニバース・ジャパン」は、世界大会である「ミス・ユニバース」のファイナル（世界一の美女を決める世界大会）へ、日本代表として出場することになります。

私が講師を務める**「ビューティーキャンプ」**とは、地方大会、日本大会の前に出場者を集めて行なわれる、美を磨き上げるための「集中合宿」のことです。

美しさを競い合うミス・ユニバースと、心の問題を扱う心理カウンセリングとの間には、一見、なんの関係もないように思えるかもしれません。しかし、じつは、「美しさ」と「心の状態」、そして「人生の幸福」との間には、密接な関係があるのです。**内面（心のもち方）を磨く心理的アプローチこそ、美しさをさらに際立たせ**

るために、大きな役割を果たすからです。この講義でセルフイメージを高められるかどうかが、ミス・ユニバース・ジャパンに選ばれるか否か、その結果を左右するといっても過言ではないでしょう。

自由でしなやかで、前向きになれる！
――自信は何より美しいあなたの財産

「どうしたら、もっと自分を美しくすることができるだろう」

そんなポジティブなチャレンジ精神を携えている人は、新しいメイク法やファッションを試し、**最大限に自分の魅力を引き出す**ことが自然にできます。

「私はこんな人物です！」と、ありのままの自分を恥じることなく、オープンにできる自信があると、その内面は外面に影響を与え、**スーッと伸びた美しい姿勢が保てる**のです。

「私は、こういう貢献をしていきたい！　困っている人たちにこんな援助をして助けたい」と、心に確固たる夢や強い希望があるから、**自分の考えをどうどうとス**

ピーチし、アピールすることができます。

自分に自信があるからこそ、「素敵だなぁ！」と憧れる人にもものおじせず声をかけ、会話することができます。**新しい出会いや、チャンスをどんどんつかんでいくことができます。**たとえ、面接やオーディションで100回断られ続けたとしても、**101回目のチャンスをつかみ取って、必ず花を咲かせます。**

「失敗した」「これは自分には向いていない」とわかったら、**サッとしなやかに新たな方向を目指す**こともできます。

逆に、すぐに心が折れてくじけてしまう後ろ向きな性格であれば、

「こんな私が、あんなイケメンとつき合えるわけないよね」

「あんな素敵な服を着てみたいけど、私のスタイルじゃ無理だわ」

「もっと背が高ければモデルを目指したのに……」

と、やってみたい気持ちはあるのに、最初からあきらめてしまって行動しません。

「このままでは人生の貴重な時間を不本意なまま費やしてしまう……」

そんなもやもやした気持ちを一掃し、人生というステージで輝きたいという思いを抱いている今こそ、自分を変えるときです。そのために最初にやるべきことが、内面を磨いて自信をつけることなのです。

なぜその服を着るの？
なぜそれを食べるの？

ミス・ユニバース・ジャパンに出場しようと思うくらいの人なら、最初から度胸も自信もあるのでは？　と思うかもしれません。もちろん、すでにモデルやタレントとして活動し、ある程度自信をもって参加してくる人もいますが、多くは普通に学校へ通う学生さんや、会社勤めの一般の人たちです。

さらにいうなら、たとえモデル業などの経験があったとしても、ビューティーキャンプで自己紹介やスピーチをすると声が上ずってしまい、ひと言も話せない人、顔が引きつってまったく笑えない人はいます。

なんでも完璧にできる人ばかりではありません。でもそんな人たちも、私の講義を受け、ビューティーキャンプで自分を磨いていくうちに、大舞台で満面の笑顔をふりまいて歩けるほどの自信を身につけていきます。

自信に満ちあふれた人は、なぜ、輝いているのでしょうか？

それは、自信というものが、人間性を表すあらゆる要素に影響するからです。

行動面（話し方、姿勢、立ち居振る舞い、仕事のパフォーマンス）、自己表現（ファッション、メイク）、人間関係（恋愛、つき合う友人）、生活の質（描く夢、目標、収入の額、食べ物）にいたるまで……本当にありとあらゆるところに影響が現れます。

たとえば、「自分には、品質のよいものを受け取るだけの価値がある」と思っている人は、美や健康を保つ、体によい食事を当たり前のようにとることができます。

そしてまた、自分を引き立たせる美しい衣装で着飾ることも躊躇《ちゅうちょ》しません。抵抗なく、自分のために十分なお金をかけることができるのです。人から素晴らしい贈り物をされたときも、素直に感謝して受け取ることができます。

ところが自信のない人は、自分の健康のために品質のよい食材を買うことにさえ、「私なんかには贅沢だ、もったいない」と思ったり、さらには罪悪感を抱いたりします。ファッションやメイクにしても、「そんなに明るい色は、私には似合わない」「みんなに笑われそう……」「そんなに派手なデザインの服は、着られない」などと勝手に決めつけてしまいます。本当は似合うものさえ、自ら遠ざけてしまうのです。

人に話しかけられることが増えていくヒント

このように、心の内面は、外見や行動、生活の質にも影響するのです。

心が自信で満ちていることで得られる一番のメリットは、悩みや不安が入りこむ余地が少なくなり、笑顔があふれ、心からの楽しみが増えることです。

心に不安や緊張がなければ首や肩の筋肉もゆるむので、自然とハリのあるのびやかないい声が出ます。そして、ハキハキとした大きな声で話せるようになります。

また、自分に欠点やコンプレックスがあっても、決して卑屈になることなく、ありのままの自分でいることができます。見栄や虚勢を張らずに、自分の欠点も、長所もすんなり受け入れられるのです。

無用の緊張や気負いのない、素の状態でいるときこそ、その人本来の魅力がもっともよく発揮されます。そういう人は、リラックスした大らかな雰囲気があり、周囲の人に安心感を与えます。まわりはその安心できる雰囲気に、吸い寄せられるような魅力を感じ、寄ってくるのです。

そう、**自信をもてば、あらゆることが「これでOK!」となるのです。**自信のある人は、何か足りないと自覚する部分があれば、努力をして手に入れよう! と前向きに行動できるので、人生で手にするものも多くなります。どんどん魅力が増していきます。

つまり、自信をもつことは、魅力的な人になる最短、最高の方法だということ。自分に自信をもてば内側から輝く笑顔が手に入り、さらに魅力的な人になることができるのです。

「クラスの人気者の魅力」「女優やアイドルの魅力」

たんに容姿がいいだけでは、ミス・ユニバースのコンテストで勝ち残り、世界で活躍することはできません。

たとえば、学校や会社でかわいい、きれいといわれる人が、いきなりミス・ユニバースの大舞台に立ったとしても、勝ち残ることはまず無理です。ステージに立って自分をアピールすることに慣れている女優やモデルといった芸能関係者ですら、難しいでしょう。

なぜなら、求められる美しさの基準と、美しさを磨き上げる方法が、まるっきり異なるからです。

クラスや会社で容姿がよいとされる人は、かぎられた環境の中で似たような価値観をもつ人たちにだけ評価されれば通用する美。**人種や文化、言葉が異なり、価値観もさまざまな世界中の人すべてに受け入れられる必要のあるものではありません。**

また、女優やアイドルなど芸能人の魅力は、多くの人に親しまれる美しさです。極端ないい方をすれば、本人と周囲の人々の努力によって高められた、商品価値としての美しさが必要なのです。女優の場合は、撮影現場では、カメラマン、照明係、メイクアップアーティスト、スタイリスト、演出家など大勢が味方となって、彼女たちの美しさや個性を引き立てようと全力で協力してくれます。

当の女優も、映画やドラマ、ポスター、コマーシャルなど、ある目的をもったひとつのコンテンツを制作するために、指示に従い、「素材」として機能することに徹するものです。つまり、われわれが芸能人を見て感じる魅力や美しさは、「裏方の力が結集してつくられたもの」ともいえるのです。

ミス・ユニバースが求める「世界に通用する魅力」

これに対し、ミス・ユニバースで求められるのは、「自立した個人の美しさ」です。知性や誠実さ、人間性などの内面も重視されます。そして多様な国や文化圏の人たちに深い感銘を与えようとする社会性、グローバルな世界で通用する、自立した美しさが評価されます。

それには、顔立ちやスタイルなど、外見的な美しさのほか、会話における知性や感性あふれる受け答え、自信の有無などの内面の強さ、社会貢献への意欲なども必要です。つまり、**人間として「美しい」と形容される特質のすべてが審査の対象となる**のです。

ミス・ユニバースのファイナリストたちは、そうした要素を、自分の努力で身につけ、血肉となるまで自分自身を磨き、美しさを身にまとわせていくのです。

ビューティーキャンプでは、ウォーキングやメイク法、表情のつくり方など、ファイナリストに必要ないろいろな要素を、超一流のプロフェッショナルたちに教わりますが、**教わったことを理解し、吸収するためには自分の努力が必要です**。

その姿は、学校に通って一生懸命に勉強することや、会社で一生懸命に仕事を覚えようとするのと同じです。どんなに教師や上司の教え方がうまかったとしても、教わる本人が努力して、覚えよう、身につけようとしなければ、成長は望めません。

そして文字どおり、自分を磨き上げたファイナリストたちは、ステージという現場で「自立した個人の美しさ」を競い合います。

そこでは、同じステージに立っている人すべてがライバルです。

自分だけを応援し、贔屓《ひいき》してくれる味方は、そばにはいません。しかも客席にいるのは、自分目当てのファンではなく、出場者の美しさを厳しく比較、吟味する審査員と観客です。ステージに立った彼女たちは、たったひとりでそうした人たちと対峙《たいじ》し、栄冠を勝ち取らなければなりません。

猛烈なプレッシャーに襲われることは、想像に難《かた》くないですよね。

そんなステージの上で唯一、彼女たちのよりどころとなるのが、「自信」なのです。

たったひとりで世界中の視線を受けとめて戦うミス・ユニバースのファイナリストたちのように、ゆるぎない自信を身につけたなら、あなたの魅力は極限まで高まるでしょう。

「自信がもてない」ことは、珍しいことではない

「あなたは自分に自信がありますか？」

「いいたいことを、きちんといえていますか？」

「着たい服を着ていますか？」

「嫌われることを恐れずに、断る勇気がありますか？」

「自分の人生に希望がもてると思いますか？」

すべてに「はい」と大きな声で答えられる人は、どのくらいいるでしょうか？

「私なんて、まだまだ……」と思っていないでしょうか？

私の心理カウンセリングを受けにいらっしゃる方の多くは、「恋愛や職場の人間関係がうまくいかない」「不安や心配が先立って行動できない」「人前で緊張する」といった悩みを抱えています。

そんな人たちに、さらにくわしい状況を尋ねていくと、これらの悩みのほとんど

は、自信のなさから生じているということがわかったのです。

「私なんて……」と思うから、好きな人にアプローチすることをためらったり、自分の意見をいうことに不安を覚えたりするのです。夢を心にしまったまま、もう何年も現状に足踏みしている人もいるでしょう。

現状を変え、夢をかなえたい気持ちは強いのに、尻ごみして何もできないと悩み続けることは、とてもつらいものです。こうした人たちの、自分を信じて一歩踏み出したい、という思いは本当に切実なものだと思います。

自信がない人は、せっかくチャンスにめぐり合ったのに尻ごみしてチャレンジできなかったこと、素敵な人から食事に誘われたのに「私なんかつり合わない」と思って断ってしまったこと……などなど、**いつまでも「過去」を悔やんで、「今、現在」を無駄にしているのです**。

そして「未来」においても、メディアや人にすすめられるままに大きな夢や目標を描いてはみるけれど、「私にそんな大それたことができるわけない」「本当にできるのかしら……」と思ってしまいます。チャンスに手を伸ばさないと後悔するとわかっているのに、自信がないから手を伸ばせない。そしてまたどんどん後悔が積み重なって、さらに自信を失っていく……。

そんな悪循環に陥っている人もいるでしょう。

自信があれば、過去を気にせず、現在も未来もあっというまに好転させることができる、新しい自分に生まれ変わることができると、みんな頭では、わかってはいるのです。

だから、のどから手が出るほど自信を求めている、それなのに、どうすれば手に入るのかがわからない……。

多くの人は、ここで壁にぶつかり、自信を手に入れられずに困っているわけです。

ゆるぎない自信は、自分でつくれる

「本当に自信のある状態」とは

さて、「自信」とはいったいなんなのでしょう。
人は、どんなときに「自信がない」というのでしょうか。

「自信がないから、人前で話をすることなんてできない」
「自信がないから、自分ひとりで大きな決断をすることはできない」
「自信がないから、オシャレができない」
「自信がないから、好きな人に声をかけられない」

このように自信のない人は、自分を尊重できず、自分には価値がないと思っています。そのため、自分の判断、行動、表現を尊重できないから、意見をいったり自分で決断をくだしたりすることができないのです。

「ありのままの自分には価値がない」と思ってしまうから、何かをしたいと思っても一歩を踏み出せず、冒険的なオシャレや恋愛からも逃げてしまうのです。

「このままの自分はダメだ」という感覚ももっています。それゆえ、自分は周囲の人より劣っていると思いこんでがんばりすぎてしまったり、ダメな自分を悟られまいと、いい人を演じたりしてしまいます。

一方、自信がある人は、自分の判断、行動、表現を尊重できます。自分には何かをする価値があると思えるので、したいと思ったことを素直に実行することができます。

「そのままの自分で大丈夫」という感覚をもっているので、必要以上にがんばることも、自分を隠すこともせず、ありのままの自分でラクに生きられるのです。

自信は「自分を信じる」と書きます。**自分の何を信じるかというと、すべてです。自分のすべてを大丈夫だと信じられることです。**

自分の存在や、考え、気持ち、行動といったものを、そのまま「それでいいのだ」と思えることです。

この「自分は大丈夫だ、これでいいのだ」という思いに、根拠は不要です。

よく〝根拠のない自信〟といいますが、「○○を経験したから自信がある」「○○の資格をもっているから自信がある」という〝根拠のある自信〟は、73ページの図の上部の積み上げられた「経験」や「能力」による自信です。これは、土台が崩れれば、一緒にガラガラと崩れてしまう自信だともいえます。

一方、〝根拠のない自信〟は、経験を積み重ねるための下地、〝心の土台〟の部分に当たります。なぜそう思うのか自分でもわからないけれど、「自分は大丈夫」「やればできる」「失敗してもなんとかなる」という確信をもっています。

この感覚が、本当の自信がある状態です。

そういう人に、「どうしてそう思えるの？」と聞いても、「わからない。ただ、やれるとしか思えないの」という答えが返ってくるでしょう。

本当の意味で自信がある人は、「自信がほしい」と思うこともありませんが、特に「自分に自信がある」とも思っていません。「自分には自信がある」と思うことは、じつは自信がないことの裏返しなのです。

こうした「自分はなんとなく大丈夫だ、ＯＫだ」と思える感覚、自己肯定感が、本当の自信の正体です。

嫌われても動じない。「心の構え」しだいで挫折さえも力に変わる

自信がいかに大切なのか、おわかりいただけたでしょうか。

しかし、ミス・ユニバース・ジャパンに出場するほどの女性たちであれば、あえて意識して自信をもつ必要はないように思う人もいるでしょう。すでに素晴らしい

=自信のない人　=自信のある人

今日はどの服を着ていこうか?

→目立つと恥ずかしいから地味な服にしよう。でも、地味すぎるかな……。

→花柄のトップス!　周りを気にせず、着たいものを着る!

ランチは何を食べよう?

→本当は和食が食べたいけれど、嫌われたらイヤだからみんなに合わせよう。

→絶対に和食!　みんながイタリアンなら、今日はランチを断らせてもらおう。

彼氏と会ったらどんな話をしよう?

→何を話せば会話が弾むのかわからない。会うのがちょっと億劫《おっくう》……。

→会えるだけでうれしい!　どんな話でも楽しい!

急ぎの仕事を、3つ同時に頼まれた、どれからやるべきか?

→遅くなるとあちらの部署に迷惑がかかるし、上司にはこれをやれといわれているし、どうしよう……。

→こっちの仕事を優先すべきだな。この仕事は少し待ってもらえるようにお願いしよう!

容姿とスタイルを備え、きらびやかなドレスを着こなしているのですから、多少自信がなくても問題はないように思えます。**ところがやはり自信は重要なのです。自信の有無は、アピール力とも密接に関係しているからです。**

ミス・ユニバース・ジャパンのステージに立つファイナリストたちは、審査員たちと観衆の厳しい視線を容赦なく受けながら、懸命に美しさをアピールしなくてはなりません。彼女たちは、日常生活ではまず身につけないであろう派手なドレスに身を包み、遠くの席にいる観客にも表情でアピールできるように、輪郭をくっきりと強調する濃いメイクでステージに立ちます。

全観客の視線を一身に浴びながら、大きくポーズを取り、大きな声でスピーチし、はち切れんばかりの笑顔をふりまかなければなりません。

ミス・ユニバース・ジャパンを勝ち抜いて日本代表となり、世界大会であるミス・ユニバースへ進出したなら、要求されるレベルはさらに高くなります。異国の地で、文化も言葉も、美の価値観すらも異なる人々を魅了しなくてはならないからです。そんなステージ上で誰もが息をのむような輝きを放ち、もてる魅力のすべてを発揮するには、どんなプレッシャーの中でもくじけない心の強さが必要です。
「どんなドレスが、もっとも自分を引き立たせるのか？」
「自分の自立心をアピールするしぐさは何か？　前の人とスピーチやポーズがかぶったらどう変えるか？」

本番直前まで自分を美しく表現するためにさまざまな決断をくだし、本番のステージの上に立つわずかな間にも、重要な判断がいくつも求められます。そしてその決断は、勝ち負けに直結します。

もしも「決勝に残れなかった＝この中で一番美しいわけではない」という非常に残酷な結果を衆目の前でくだされたとしても、たったひとりでそれを受けとめなければなりません。

これだけすさまじいプレッシャーがのしかかれば、自信のない人は、最後まで笑顔で立っていることすらできません。泣きくずれてしまうことすらあるでしょう。それまでの努力が水泡に帰するむなしさ、敗北感や嫉妬、くやしさ、怒りといったネガティブな感情に支配され、とても笑顔を維持していられないのです。

そして、真の自信をもつ、心の強い女性のみが、残酷な結果を受け入れ、それでもなお「自分はよくやった。負けたけれど、私が美しいことには変わりはない」と納得し、凛《りん》と立っていることができるのです。そしてやがてその経験を力に変え、新たなステージへ飛躍していきます。

日常生活でも同じです。自分自身や自分の行動に自信をもつことができれば、傷つくことや、否定されることへの恐怖心が減っていきます。

何かで失敗したとしても、「私がやってきたことには価値がある」と、精いっぱい努力してきた自分を誇ることができるようになります。

むやみに取り乱したりせずに、ゆったりとした気持ちで人生を送れるのです。

2014年ミス・ユニーバース・ジャパン愛知代表で、2015年、2016年はミス・ユニバース・ジャパンの事務局のお仕事もされていた山口真季さんは、こういってくれました。

「自信があるとウォーキングのときの表現力が変わります。ただ歩いているのと確信をもって歩いているのは違うんですよ。

きれいに歩く技術をもっていることは基礎、そこができたうえで自分をどう出していくかという部分は、たぶんメンタル的な部分だと思います。

トップファイブや代表に選ばれる人たちは、ウォーキングの技術、舞台でのパフォーマンスにほとんど差がありません。そのうえで、存在感や目がくぎづけになる魅力は、精神的なもの、自信、セルフイメージの高さからくると思います。その意味で、常冨先生の講義は私自身とても役に立ちましたし、これからもすべてのファイナリストに受けてほしいと思いました」

この努力は裏切らない！女性は外見を磨くと、確実に自信を高められる

女性が自信を獲得するために必要な要素のひとつに、「美しくなること」が挙げられます。女性にとって「美しい自分であるかどうか」という問題は、人生や性格を一変させるほどの大きな影響力をもっています。

美しくなるためには、バランスの取れた食事や睡眠をしっかりとり、適度な運動

をするなどの方法があります。ファッションやメイクを研究して外見のオシャレを磨くこと、表情に気を配ることも、欠かせないポイントです。

それらに加えて、考え方、心のもち方といった精神的な要素も、内面からにじみ出る雰囲気を保つことに大きく影響します。

考え方、心のもち方については、これから本書で磨いていくとして、まずは外見でブラッシュアップできることがあれば、どんどん試していきましょう。

ファッション、メイク、ダイエット、デトックス、ヘアスタイルのイメージチェンジ、ネイルアート、エステサロン、マッサージ、ヨガ、ウォーキング、フィットネス……などなど、自分をさらに美しく見せるために変えられることは、いろいろあるはずです。

すでにかなりの研究をしていたとしても、マンネリ化していないか、流行遅れになっていないか見直してみましょう。

もしかしたら、ずいぶん前に、「私に赤は似合わない」「私がこんなに高価な化粧品を使っても意味がない」などと、勝手に自分のイメージを決めつけてしまい、ずっと同じような色やデザインの化粧品や服装ばかりを選んでしまっているかもしれません。時代や年齢が変われば、似合う色もファッションも変わってきます。

オシャレに年齢制限はなく、生きているかぎり楽しみ続けていいものです。何歳になっても、かわいらしく、きれいになっていいのです。

美しくなりたいという自然な気持ちを、「もう年だから」と、抑えこんだりあきらめたりする必要はありません。

内側からにじみ出る輝きには「セルフイメージ」が関係する

セルフイメージとは、「自分が自分に対して抱くイメージ」のことです。

人は誰でも「自分は○○な性格だ」「自分は○○が苦手だ」など、自分はこんなキャラクターだというイメージや思いこみを、もっているものです。

「私は美しい」という高いセルフイメージをもつ人もいれば、「私はブスだ」という低いセルフイメージをもつ人もいます。

あなたのセルフイメージはどうでしょう？　次の5つの項目のうち、自分に当てはまる項目があるかチェックしてみてください。

今あるセルフイメージをチェック

1　何かを決めるときになかなか決められない。決断が遅い。「いやです（NO）」といえない。

2　何かをするときに「ちゃんとしなければ」と思う。失敗するのが怖く、人から自分がどう評価されているかに敏感。

3　人前で話すのが苦手。初めて会う人に話しかけることができない。本番で実力を発揮できない。

4　目立つのがいやで、発言しなかったり、声が小さくなったりする。地味な服を着る。自分の要求をいえない。

5　自分が好きではない。自分は欠点が多いと思う。自分には価値がないと思う。

これらの項目はどれも、自信のなさ、セルフイメージの低さがよく表れる部分です。ひとつでも当てはまると感じたなら、セルフイメージが低い、つまり、自分自身にネガティブな思いこみをもっている状態にあるといえます。

そして当然ながら、「私はブスだ」などというネガティブなセルフイメージが、人生によい影響を与えるはずがありません。

たとえば失恋したり、容姿をほめられなかったり、心が傷つく出来事が起きたとしても、いいセルフイメージをもっていれば大丈夫なのです。「彼は人を見る目がないだけ。もっと見る目のある素敵な人を見つけよう!」と前向きに考えることができ、心の傷も、しばらくすれば癒えていきます。

しかし、セルフイメージの低い人は、「やっぱり私はブスだから、ダメなんだ。オシャレをしても無駄なんだ」と自分で自分をさらに傷つけてしまい、ますます自信喪失してしまいます。

「私はブスだから、お化粧なんてしても無駄」
「私はブスだから、オシャレしても無駄」

「私はブスだから、人に好かれない。愛嬌《あいきょう》なんかふりまいても無駄」

悪いセルフイメージが自分の中に巣くってしまうと、こんなふうに日常のさまざまな出来事を悪くとらえるようになります。

その結果、「仕事で怒られてばかり」「友だちと会うのが憂うつ」と、毎日いやなことばかりだと感じるようになってしまうのです。そんな人を「美しい」「魅力的だ」と感じてくれる人はいないでしょう。

自分がブスであると思いこんでしまい、自分にも他人にも気を配らなくなるのは、女性としての楽しみを自ら放棄しているようなものです。

セルフイメージを変えれば人生も変わるが、簡単ではない！

これまで見てきたように、自分自身に対するイメージは、あなたの自信の有無にとても密接に関係しています。

セルフイメージを改善できれば、あなたの性格や考え方、行動は一気に変化し、

たちまち自信に満ちあふれた人生を送れるようになるでしょう。

しかし、この世に生を受けてから現在まで、何十年もの時間をかけて、少しずつ形成されてきた性格や考え方は、それほど簡単に変わるものではありません。

「自分に対するイメージを変えれば、人生も一変する」という真実を知っただけで、実際にセルフイメージを高めることができれば、誰も苦労はしないのです。

言葉だけでどうこうしても、自信は生まれません。自信を得るための暗示やアファメーション、瞑想のたぐいをいろいろ試してみて変化があったとしても、長続きしない場合があります。

セルフイメージを根本から変化させ、一生をどっしりとささえてくれるほどの確固たる自信を得るには、どうしても「行動」が必要なのです。

セルフイメージをアップさせるために私は、まず、**〝幼少期のセルフイメージ〟を改善する**ところから始めます。

セルフイメージは、年齢を重ね、さまざまな経験をするたびに上書きされ、新しいセルフイメージが形づくられていきますが、その根幹には必ず、物心がつくよりも前の幼いころ、具体的には0歳から5、6歳くらいまでにつくられた〝幼少期のセルフイメージ〟というものが存在します。

まだ、言葉を話せず、社会のルールを何も知らない時期に、母親や育ててくれる人のあたたかい腕に抱きしめられ、ミルクを与えられ、泣けばすぐにオムツを替えてもらえるといった経験をするうちに、**「私はこの世界に存在していい」「私は愛されている」「私は重要な存在だ」**といった漠然とした安心感を覚えていきます。これが〝幼少期のセルフイメージ〟というものです（141ページの図参照）。

この〝幼少期のセルフイメージ〟がネガティブなものだと、その後の人生でいくら成功体験を積んでも思うように自信を得られず、毎日を楽しくすごすことが困難になってしまいます。ですから私のワークでは、最初にここを改善するのです。

その具体的方法はＣｈａｐｔｅｒ３でご紹介しますが、一番根深いところにある〝幼少期のセルフイメージ〟を改善して初めて、自信を手に入れるためのほかのワークの効果も上がるのです。

Chapter 2

ミス・ユニバース・ジャパンの特別な10日間

―心も磨き上げる「ビューティーキャンプ」メニューを公開

The great way
to give confidence
to yourself.

ファイナリストたちは「ビューティーキャンプ」で自分を磨く

全員参加！
言葉づかいから品性までピカピカに

ミス・ユニバース・ジャパンの「ビューティーキャンプ」とは、いったいどんなものなのでしょうか？

ミス・ユニバース・ジャパンには、各都道府県の代表者を決める「地方大会」と、地方大会を勝ち抜いたファイナリストたちの中から日本代表を決定する「日本大会」のふたつの大会があります。このふたつの大会は「ファイナル」と呼ばれ、ファイナルに出場する女性たちを「ファイナリスト」と呼びます。

日本代表は、毎年、世界80カ国以上の代表たちが参加するミス・ユニバース世界大会に出場し、世界の美女たちと美しさを競います。

そして、それぞれの大会前に出場者たちを集め、美を磨き上げるために行なわれる合宿を、「ビューティーキャンプ」といいます。

その合宿で講義を担当する講師たちは、講師であると同時に審査員でもあります。講義を通じて、ステージの上だけでは推し量れないふだんの生活態度や、心構え、志といった内面的なことを審査するためです。

レッスンに取り組む姿勢はもちろん、講師の話を聞く態度、レッスン中の立ち居振る舞い、言葉づかい、品性まで、じつに細やかにチェックしていきます。

このビューティーキャンプ中に講師たちがファイナリストたちにくだす評価は、本番であるファイナルで基礎点として加点されます。

地方大会のビューティーキャンプ——初めてドレスを着る人も！

各都道府県で開催される地方大会は、自選、他選を問わずに書類審査が行なわれ、予選でさらに絞りこまれ、残った女性たちがビューティーキャンプへと参加することになります。

地方大会のビューティーキャンプは、各都道府県にあるミス・ユニバース事務局が独自の裁量で行なうため、キャンプ内容や期間は、一律ではなく、ばらつきがあります。

私が講師として参加している長崎大会のビューティーキャンプは、毎年10月から実施されます。毎週土曜日から日曜日にかけて、ホテルに泊まりこみで行なわれます。週に2日間、それが5週続くので、合計10日間です。

ファイナリストの中には、部活動に明け暮れていた高校生や大学生もいますから、お化粧をしたことがほとんどないとか、今までドレスを着る機会がまったくなかったという人も珍しくありません。

そんな素朴な女性たちが、ビューティーキャンプが終了するころには、外見も内面もまるで別人のように美しく変貌を遂げるのです。

じつは、2014年のミス・ユニバース・ジャパンに選ばれた辻恵子さんも、2

015年のミス・ユニバース・ジャパンに選ばれた宮本エリアナさんも、長崎大会から選出されました。

長崎大会のビューティーキャンプは、地方大会の中では比較的期間が長く、内容も充実しています。ウォーキングやボディワーク、メイクといった外見を磨き上げることが主要なレッスンでは、業界の第一線で活躍する講師が専属でついています。

このような充実したビューティーキャンプがあったからこそ、ふたりともしっかりと自信をつけることができ、長崎大会から2年連続でミス・ユニバース・ジャパンを輩出することができたのだと思います。

もちろん、地方大会を勝ち抜いて日本大会で優勝を狙うためには、ビューティーキャンプがない平日のすごし方も大切です。平日のすごし方はフィジカル（体）とメンタル（心）のコンディションを大きく左右し、それが大会の結果に影響するからです。

ファイナリストたちはキャンプで学んだことを心にとめて生活するほか、仕事や学校の合間をぬって、ウォーキングやボディワークなどの個人レッスンに励んだり、大会のステージで自分をもっとも輝かせるドレスを選んだりしているのです。

日本大会のビューティーキャンプ ――挨拶の段階からすごい！

各都道府県の代表に選ばれた47名は、日本大会のファイナリストとなります。そして12日間連続で、都内のホテルに泊まりこみで日本大会に向けたビューティーキャンプに参加します。

日本大会のファイナリストたちは世界に通用するレベルの美を身につけるため、歴代のミス・ユニバース・ジャパンたちや、美容、ボディワーク、ダイエット、メンタルなど各分野の超一流の専門家らの指導による、厳しいトレーニングを集中的に受け、日本大会に臨むのです。

各講義のスタイルは、それぞれの担当講師に一任されています。

ピラティスやウォーキングといったボディワーク系のトレーニングは、トレーニングウェアを着て、大きなホールで行なわれます。

私の講義を含め、講師の話が中心となる場合、ファイナリストたちは学校の授業のように椅子に座って講義を受けます。

ただ学校と違うのは、全員が華やかなドレスを着て、ハイヒールを履《は》き、各都道府県名の入ったタスキをかけているところです。さすがに、本番用のメイクは大変な時間と手間がかかるためしませんが、本番さながらの装いと緊張感をもって講義を受けます。**講義の段階からすでに、座り方、挨拶の仕方など、あらゆる所作に日本代表としての品格が求められているのです。**

色鮮やかなドレスを着て、背筋をピンと伸ばして着席する47名のファイナリストたちを壇上から見渡すと、彼女たちは真っ直ぐ視線を返してきます。そして講義が始まると一斉に「よろしくお願いします」と挨拶し、一礼します。

この一連の所作が、なんとも美しいのです！　こうして、ミス・ユニバース・ジャパンのビューティーキャンプはスタートします。

「外見を磨くメニュー」「内面を磨くメニュー」

ミス・ユニバース・ジャパン日本大会のビューティーキャンプでは、おもに次のようなトレーニングが行なわれます。

▼外見を磨くトレーニングメニュー

・ボディバランス、姿勢
・ウォーキング
・表情
・健康、食・栄養
・メイク、ヘアスタイル
・体力UP
……etc.

▼内面的を磨くトレーニングメニュー

・スピーチに求められる、知性、社会貢献度、コミュニケーション能力、話し方
・ダンスやウォーキングのときに求められるパフォーマンス力
・自信
・目標達成、モチベーション
・感性、人間性
……etc.

もちろん、私が担当しているのは「自信」のトレーニングです。

このほか、「日本文化を学ぶ」「郷土のよさを知る」などの講義もあり、ビューティーキャンプで行なわれるすべての講義を合計すると、42科目にものぼります。

ファイナリストたちは約2週間にわたり、午前9時から午後6時すぎまで、1日中びっしりとトレーニングを受けるのです。

自信を自家生産できる人、その心の仕組み

最初から自信満々な人はいない。あるのはこの「積み重ね」だけ

ここから先は、私が実際にビューティーキャンプで行なっている講義の内容について明かしていきます。

実際のビューティーキャンプでは時間にかぎりがあるため、必要最低限のことしか教えることができません。しかし本書では、キャンプではお話ししきれない「心と体と自信の関係」をわかりやすく解説していきます。

夢をかなえたり仕事にやりがいを感じたり、オシャレや人との出会いを楽しんだり……。自分が望む人生を送るために、自信は欠かせません。そしてまた長い人生、

ときには挫折し、心が折れることもあるでしょう。そんなとき、ここでお話しする「自信が生まれる仕組み」を知っておけば、自信の回復に必ず役立ちます。

自信喪失から立ち直りまでのスピードがアップし、何度つまずこうとも最終的には必ず目指すゴールにたどり着く力となります。また、本書で紹介するさまざまなワークも、より一層、効果が上がりやすくなるでしょう。

生まれた瞬間から自信満々の人なんて、ひとりもいません。誰もが時間をかけてたくさんの「経験」を積み重ねるうちに、そして、「能力」アップの努力をするうちに、自信は少しずつ積み上げられ、形づくられていきます。

とりわけ、「何かをやり遂げた」という成功体験は、大きな自信となります。たとえば、週に3回ジョギングをしようと決意した人が、それを1年間続けることができて、大きな充実感や達成感を味わえたなら、それは、**「私は粘り強く、ものごとをやり続けることができる」**という自信になります。

やり始める前は「自分にできるかな?」「三日坊主で終わりそう」「飽きてしまっ

たらシューズやウェアが無駄になる……」と心配していたけれど、いざやってみたら「意外と簡単だった」「自分にもできる」「楽しかった」「ほかのこともできそうだ」という前向きな考えに変わっていきます。

この考え方の変化こそ、自信がつくられるプロセスのひとつ、「成功体験の積み重ね」です。

学生時代に剣道部に所属していたある女性は、朝練や放課後のハードな練習に加え、土日は試合や大会があり、剣道一色に染まった生活をしていたそうです。

就職してからは、剣道をすることはなくなったそうです。しかし、仕事や家庭でつらいことがあっても、あの厳しい練習に励んでいた時代を思い出すと、大抵のことは乗り越えられるといいます。

「あのとき、あんなにがんばれたのだから、これくらいなんでもない！」と思えるそうです。

つらくてもサボったり辞めたりせずに、鍛錬を積み重ねたという成功体験が、誰に対してもものおじしない自信と、折れない心をつくっているのです。

何かひとつ打ちこめるものを見つけると、人生のすべてが輝き出す

剣道をやっていた彼女の事例のように、過去、何かに打ちこんだ経験がないという人でも、今から打ちこめるものをもてば、まったく問題ありません。

「打ちこんだものが何もない」と嘆く時間があったら、趣味でも今手がけている仕事でもなんでもいいので、目についたものから全力を注ぐことです。あるいは、「いつかやってみたい」と思いながら、ずっと一歩を踏み出せずにいたことを、この機会に始めてみましょう。

やってみて、それが自分に合っていなかったなら、またほかに自分に合いそうなことを探せばいいだけです。いくつか試していくうちに、自分に合うもの、合わないものがわかってきます。好きなこと、やりたいと思えることなら、上手下手といった技術的なことや、なかなか上達しないといった能力の問題は関係ありません。

そうやって、本当に一生をかけて打ちこめるものを見つけていけばいいのです。

「私はこれに心底打ちこんでいる」といえるものができたとき、心に一本、どっしりとした太くて大きな芯がとおります。

すると周囲は、そんなあなたを見るにつけ、「落ち着きがあって輝いている人だ」と感じるようになります。趣味や仕事に真剣に打ちこんでいると、成果も上がってくるものです。自然とほめられることが増え、趣味や仕事以外の日常生活にも好影響が出てきます。すると、日々ハッピー感を覚えるので、さらにあなたはキラキラと輝いていきます。これがとても大きな自信となります。

こうしたどっしりとした成功体験がひとつでもあると、まだ達成したことのない未知の問題に対しても「きっと克服できる」と立ち向かう力になります。

また、成功したことで得られる達成感を心地よく感じれば、「もっと大きな達成感を味わいたい」という意欲も湧いてきます。

成功体験を積めば積むほど、前進する活力を得ることになり、その活力を使ってさらなる成功を遂げることで、また活力を得る……こんな好循環が生まれるのです。

「失敗」を失敗のままで終わらせないヒント

では、失敗の経験はどうなのでしょうか？

失敗したら、自信はガラガラと崩れてしまうのでしょうか？

失敗が自信を失わせる原因となるのか、さらに自信を強くする糧《かて》となるのかは、その人しだいです。

失敗したまま終わらせてしまえば、当然、自信は得られませんし、人として成長することもありません。「できることしかやらない」ことになるからです。

でも、失敗したそのときはダメージを負ったとしても、

「失敗の原因はわかった。そこを改善すればうまくいく」

「今の自分にはハードルが少し高かった。もっと勉強して再チャレンジしよう」

など失敗から学び、自分の間違いを修正し、再び挑戦して成功を勝ち取ることができれば、人は成長し、自信を深めていくことができます。

何度も失敗したとしても、くじけずにチャレンジを続けて、「ついにできた！」となったときには、すんなり成功したときの何倍も大きな自信を手に入れることができるでしょう。

つまり、**大きな失敗さえも、その後の行動しだいで、大きな自信を得るための糧にすることができるのです**。「人生に無駄な経験はない」とよくいわれますが、まさしくそのとおりなのです。

「自信」を見える化するとこうなる

「自信がある」とはどういう状態なのか、視覚化してみましょう。

すでに解説したとおり、**自信とは、「自分ならできる」「自分は正しい（大丈夫だ！）」「失敗してもなんとかなる」と信じられる力**です。具体的に何ができるのかは重要ではありません。とにかく「自分ならなんとかできる！」という信念が大切です。

この信念は基本的に、「経験の積み重ね」から生まれますが、この経験の積み重なった状態を視覚化すると、73ページの図のように表すことができます。

心の中に、これまであなたが考えてきたことや行動のすべてが、経験として積み上がっていくのです。うまくいった成功体験はそのまま自信の源となり、失敗の経験は成功を生み出すための経験則となります。

では、成功も失敗も、すべての経験が心の中に積み重なって自信となるはずなのに、なぜ、強い自信をもつ人と、まったく自信がない人の差が生まれるのでしょうか？

自信が「経験の積み重ね」だけで成り立っているのであれば、年齢が高い人のほうが自信に満ちていることになりますが、実際は違います。同じ年齢でも自信の強さは人それぞれです。ミス・ユニバース・ジャパンでは、17歳から26歳までの女性がエントリーできるのですが、何度もファイナリストに選ばれている20代の女性よりも、初めて参加する高校生のほうが落ちついていることがあります。

世の中には、何かすごいことを成し遂げてきたとか、特別な成功体験を積んできたというわけではないのに、自信に満ちあふれている人はいます。

反対に、非の打ちどころがないほど容姿端麗《たんれい》な人、仕事ができる人、他人よりも秀でた能力をもっている人が、「私なんか、まだまだ」「私よりすごい人はたくさんいる」などと、度がすぎる謙遜《けんそん》をし、極端に卑下《ひげ》することがあります。

なぜ、このように自信の有無に差ができてしまうのでしょうか？

じつは、自信がない人と自信に満ちあふれている人の差は、成功体験の回数や経験の多さや、吸収した知識の差だけで決まるわけではありません。

経験を自信として「積み上げられるか」「積み上げられないか」の違いもあるのです。自信をもてない人は、それまでの人生で得た経験を、自分の中できちんと積み上げることができていないのです。

〝心の土台〟とは〝幼少期のセルフイメージ〟のこと

では、なぜ経験を自信として積み上げることができない人がいるのでしょう？

◆自信がある人の心のイメージ

“心の土台”がしっかりしているので
「経験」や「能力」が積み上げられる。

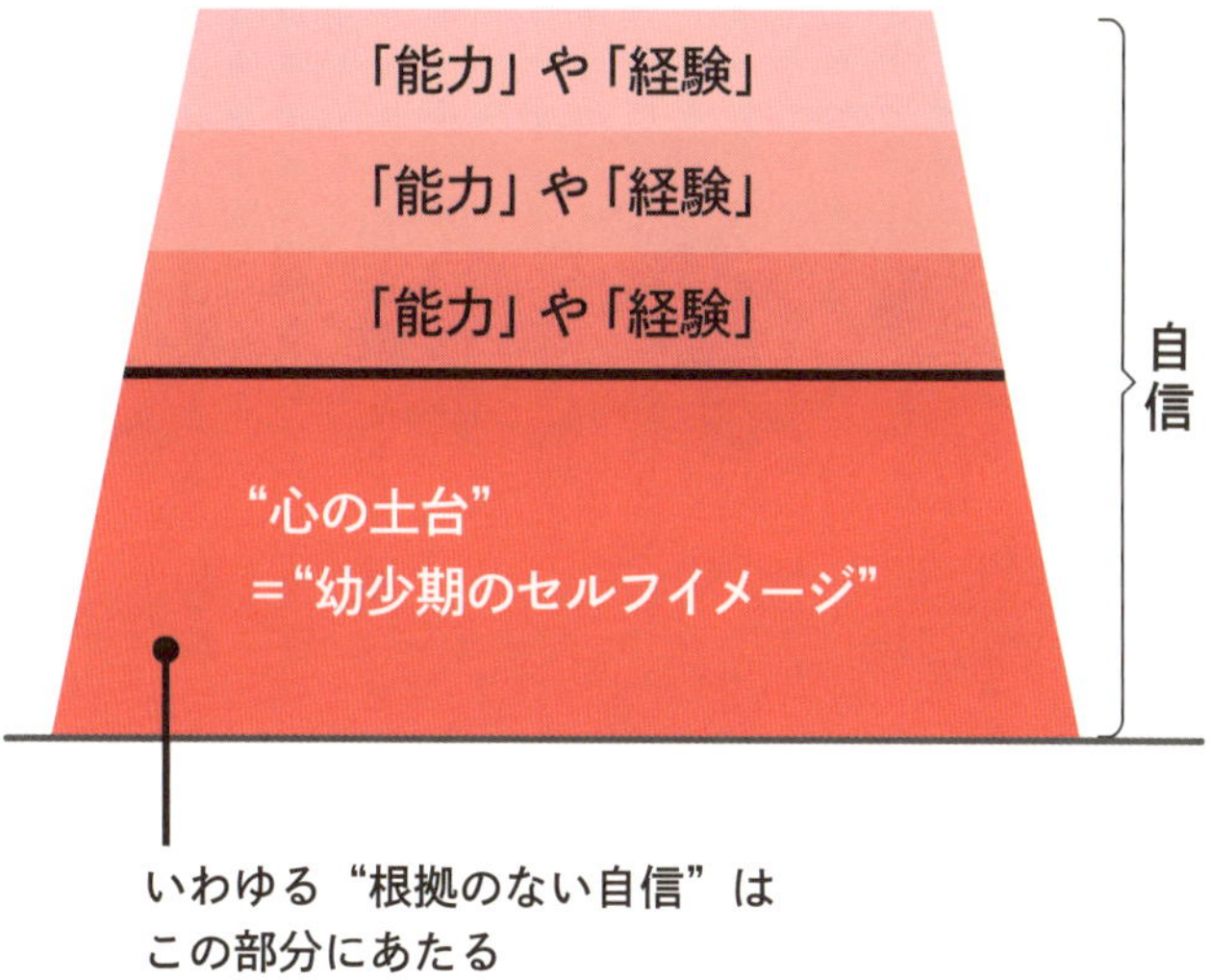

それは、〝心の土台〟が弱いからです。〝心の土台〟が弱く不安定だと、いくら経験をしても積み上げていくことができないからです。

〝心の土台〟とは、0歳から5、6歳のころまでにつくられた〝幼少期のセルフイメージ〟のこと。それは、あなたの心の根幹をなす部分です。

〝心の土台〟が不安定な人は、失敗や敗北を真正面から受けとめることが苦手です。自分の非を認め、反省し、改善することから逃げ出してしまいがちです。そして失敗や敗北を他人や環境のせいにして心の安定を図ろうとしてしまうのです。

これでは次の成功につながるプラスの経験に昇華させることができないばかりか、もともと不安定だった〝心の土台〟をさらに不安定にしてしまうこともあります。

ミス・ユニバース・ジャパンのビューティーキャンプでは、私の講義を、初日か2日目の、なるべく早い段階に組みこんでもらうようにしています。

その理由は〝心の土台〟をしっかりしたものにしてからウォーキングやスピーチなどのトレーニングを受けるほうが、効率よく、それらのレッスンで得た経験を積

◆自信をもてない人の心のイメージ

“心の土台”がしっかりしていないので
「経験」や「能力」が積み上げられない。

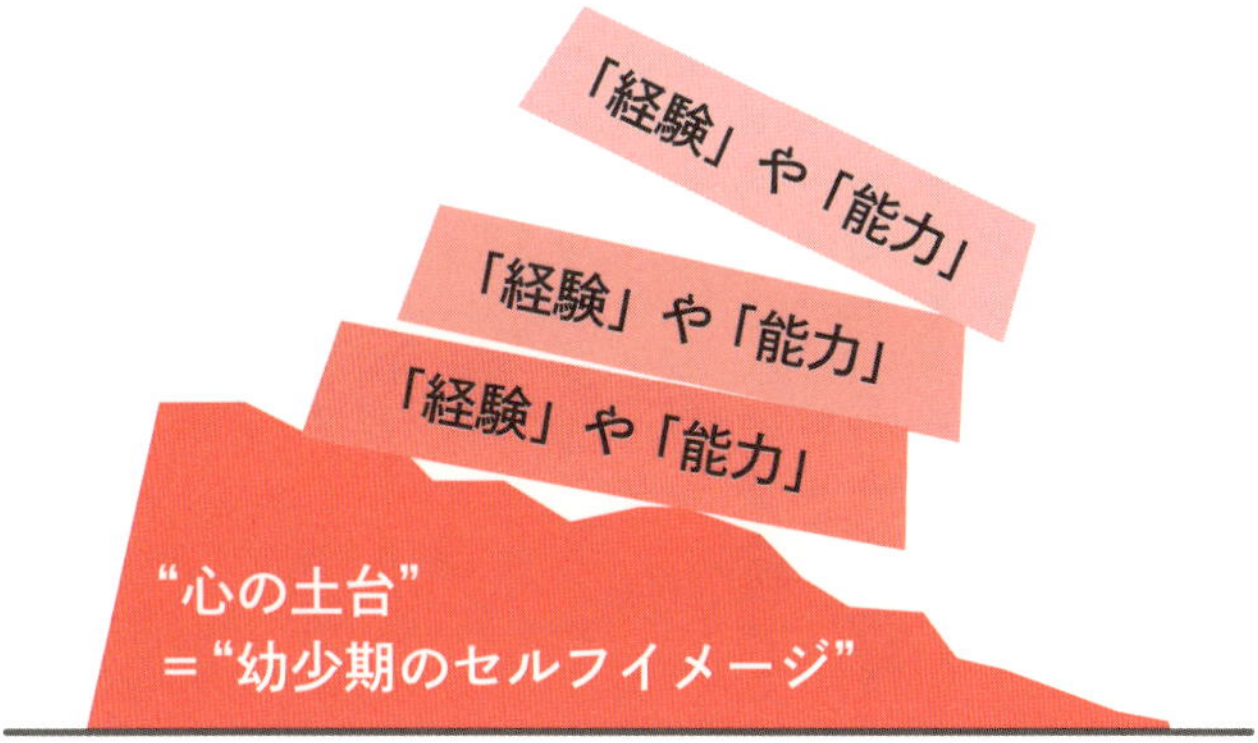

み上げることができるからです。

内面的な美しさと、外面的な美しさ、どちらも獲得するには強く安定した〝心の土台〟が必要です。

そのため、傾いた〝心の土台〟を修復し、強固にし、人生のあらゆる経験を自信として積み上げていくためのコーチングを、私が行なっているというわけです。

次のChapter3では、〝心の土台〟＝〝幼少期のセルフイメージ〟がどのように形成されているのかを明らかにしていきます。

〝心の土台〟が形成される仕組みを知り、あなたが現在抱いているセルフイメージの状態を知ることこそ、自信に満ちあふれた自分に生まれ変わる第一歩となります。

Chapter 3

世界一受けたい“自分に自信をつける授業”

―9割の人が涙した、心を癒やす教室へようこそ

The great way to give confidence to yourself

たった1時間で、なぜ彼女たちは、生まれ変わったのか？

真剣に取り組めば、結果に天地の差がつく

ミス・ユニバース・ジャパンのファイナリストたちに対して、私がどのような講義をし、どんなワークに取り組んでもらっているのか。それを紹介することは、自信を必要としているすべての人にとって、大いに参考になるでしょう。

ただし、私がビューティーキャンプで実施している講義やワークの内容は、皆さんが抱くイメージとはまったく違っていると思います。

「こんな変な方法で本当に美しくなれるの？」とか、「これが自信となんの関係があるのだろう？」と疑問に思う人もいるでしょう。確かに少し変わっているので、

そう思うのも無理はありません。**ですが、私がお教えするワークを本気で実践してくだされば、必ず変わることができます。**

ミス・ユニバース・ジャパンの参加者たちの多くは、人前に出る機会のほとんどない一般人です。それが、**わずか1時間、自分の心の内側に触れることで、コンプレックスを克服する方法を自分で発見し、日本を代表する女性を目指すほどの強さと前向きな気持ちを獲得しているの**が何よりの証拠です。内面から生まれ変わり、自信に満ちたピカピカの心と体で本番のファイナルに出場していくのです。

さて、ここまでのところで、自信を獲得するためには、最初に〝心の土台〟を強くすることが必要であること、そして、この土台がしっかりしていないと、せっかく人生で得た経験や知識も自信として積み上がっていかないことを解説しました。

また、**〝心の土台〟とは、〝幼少期のセルフイメージ〟である**とも述べました。

次に、〝幼少期のセルフイメージ〟がどのように形成されていくのかを、くわしく見ていきましょう。

〝心の土台〟はこうしてつくられる

子どもの脳は、3歳くらいまでに大人とほぼ同じくらいの大きさになり、中学生くらいまでに完成するといわれています。

まず、0歳から3歳ころまでは、視覚、聴覚、嗅覚など、五感をフル稼働させて外界からの情報を、判断の基準として取りこんでいきます。遊びや食事、親とのかかわりなどを通してこの時期に吸収した情報は、それ以降の人生における「基本情報」となり、〝心の土台〟の強度に直結します。

次に、5、6歳になるころには、両親のほか、祖父母、幼稚園の先生、近所の人といった養育者たちとのコミュニケーションをもとに、自分と他人との関係性をはっきりと理解するようになります。それと同時に、自分に対するなんらかのイメージをほぼ確立します。「自分は美しい」「自分は頭がいい」「自分は愛される」

という鮮明なセルフイメージができあがるのです。

この〝幼いころの「自分は○○○だ」というイメージ〟は、そのまま〝心の土台〟となり、その後の人生に大きな影響を与え続けることになります。

ではなぜ、〝幼少期のセルフイメージ〟が〝心の土台〟として定着し、大人になっても影響するほどの力をもつのでしょうか？

たとえば、両親から「お前はなんでもできる」と繰り返しいい聞かせられた子どもは、「そうか、私はなんでもできる子なんだ」というセルフイメージをもちます。

物心ついたばかりの子どもは、「なぜ自分はなんでもできるのか？」などと疑問をもつことはありません。親の言葉が「正しいのか」「間違いなのか」「本音なのか」「冗談なのか」などを推察・検証する判断力がないからです。

両親から伝えられた「お前はなんでもできる」という情報について、真偽のほどはおかまいなしに、漠然と「自分は、なんでもできるんだ」と思いこみます。

両親と会話をするうちに自然と言葉を覚えていくのと同様に、「自分はなんでもできる」というメッセージも、当たり前の情報としてインプットされるのです。

これが〝幼少期のセルフイメージ〟です。このようにしてその後の人生で得ることになる経験や知識を積み重ねていく〝心の土台〟ができあがります。

〝心の強さ〟が人生に大きな影響を与える

何も知らない幼い子どもは、最初から大人のようになんでもできるわけがありません。ごく簡単なことができなかったとしても、ほとんどの場合は、きちんと教わる機会がなかったからだとか、ただ知らなかっただけというのが真相です。

それなのに、親や周囲の人々の一方的な価値観から「おまえはダメな子だ」という、事実とは違う歪んだメッセージが送られ続ければ、それはそのまま、子どものセルフイメージとなります。

「私はダメな子だ」という否定的な評価が、心の奥の無意識の部分に横たわってしまうのです。

そしてこの歪んだ〝幼少期のセルフイメージ〟は、そのまま〝心の土台〟の歪みとなります。**〝心の土台〟がいびつに歪んでいれば、せっかくの成功体験も知識もうまく積み上がらず、自信になりません。**

しかしほとんどの人は、こうして〝幼少期につくられた心の土台〟が、その後の人生に大きな影響を与えていることに気づいていません。だからがむしゃらに勉強したり働いたり、あらゆる努力をすることによって劣等感をぬぐい去り、自信をつけようとするのです。ですが、大抵は空回りしておわってしまいます。

ここで理解してほしいのは、親や周りの大人だって完璧な人間ではないということです。疲れてイライラしていたら、子どもに心ない言葉をぶつけてしまうこともあるでしょう。そして確実にいえることは、今さらその過去を責めても、なんの解決にもならないということです。

自分自身に対して「価値がある」とポジティブな認識をもっている子どもは、その後の人生においても、自分の経験や知識を非常にポジティブにとらえていきます。

「箸《はし》を使って上手にご飯を食べることができた」

「自転車に乗れるようになった」

「掛け算の九九を暗唱できるようになった」

こうした小さな成功体験を、自信として〝心の土台〟の上に積み上げていきます。大人になっても、自分の可能性をあきらめることなく、どんどん夢や希望を実現していくことができるのです。

「どうして」を「どうすれば」に変えれば必ずハッピーエンドになる！

親や教師から「どうしてあなたは、こんなこともできないの⁉」と責められ続けた子どもは、心の中で何度も「自分はどうしてこんなこともできないんだろう？」とできない理由を探してしまうものです。そして、自分のダメなところを心に印象づけてしまいます。そういう思考のくせがついてしまうのです。

すると、成長してからも、難しい課題が与えられたり、困難な状況に陥ったり、ちょっと手間が必要な場面に遭遇したりするとすぐに「できない理由」を探し、最初からあきらめてしまうようになります。

何か困難な状況に直面したとき、無意識に「できない理由」「うまくいかない理由」を探してしまうことはありませんか？

「私、バカだから……」「着ていく服がないから……」「私の話はみんな引いてしまうから……」などともっともらしい理由を見つけて、できない自分を正当化していないでしょうか？

もしあなたが何かにつけ「できない理由」を探し、チャレンジをしない人生を送っていたとしたら、こんなにもったいない話はありません。素晴らしい未来につながるチャンスは、誰の人生にもめぐってきます。ほんの少しだけ勇気を振り絞って一歩踏み出してみる。それをするかしないかで人生が変わります。

できない理由を探している自分に気づいたら、「どうすればできるだろう？」という具合に、それを成し遂げる方法を自分に問いかけるようにしてみてください。

その問いかけはそのまま自分の潜在意識に対する命令となり、どうすればできるようになるのか、その方法を模索するようになります。必ず答えは見つかります。

子どものころの記憶から
わかること

「自分で決めようとすると、親に否定された」
「何かをうまくできたときしか、ほめてもらえなかった」
「『ちゃんとしなさい』と、よく叱られた」

こうした記憶が強く残っている人は、「自分には価値がない」というセルフイメージを幼少期にもってしまったかもしれません。

周囲の大人のネガティブな言葉や態度から〝心の土台〟が不安定になってしまった結果、その後の人生で得た経験や知識を自信として積み上げることができず、今も苦しんでいるのではないでしょうか。

セルフイメージは、心身の成長や環境の変化、新しい刺激が加わることによってどんどん変化していきます。現在のあなたのセルフイメージは、10年前のセルフイメージと比べるとかなり変化しているはずです。

しかし、〝心の土台〟を形づくった〝幼少期のセルフイメージ〟だけは、大きく変化することがありません。

たとえ本人が忘れてしまったとしても、ほとんど形を変えることなく居座り続けます。そして年齢を重ねていくにつれ、自信のなさや、劣等感、コンプレックスとして表面化し、人生に悪影響を与えます。

〝幼少期のセルフイメージ〟つまり〝心の土台〟が、人生において非常に重要であることがわかりますね。同時に、子どもの自我の形成にもっとも大きな影響を与える親の在り方と、子どもに対する親の接し方が、いかに重要であるかがわかります。

〝幼少期のセルフイメージ〟を突き止めよう
——心の傷の深さはどのくらいか

〝心の土台〟を歪ませる最大の原因は、幼少期に自分自身の存在にネガティブな思いを抱くことです。簡単にいえば、子どものころに心が傷つけられると歪むのです。

大人になってから、経験を積み上げられるようにするには、この幼少期の傷を修

復することが大事です。

そのためにはまず、あなたの〝心の土台〟を歪ませた原因が何かを突き止めることから始めましょう。

ミス・ユニバース・ジャパンのビューティーキャンプで行なう私の講義も、この「歪みの原因」を探るワークからスタートします。

もし、幼少期に心が傷つくことなく、安定した〝心の土台〟を構築できているなら、Ｃｈａｐｔｅｒ４「すぐに折れない心をつくる新しいワーク」を実戦していただくだけで自信に満ちたあなたに生まれ変わることができるでしょう。

〝心の土台〟がしっかりしているのに自信がもてない人は、現在の自分を取り巻く環境と、その環境に対応するためにつくり上げた性格や考え方に原因があることがほとんどだからです。そんな人は自己啓発書を読んだり、セミナーに参加したりするだけでも、十分に自信を養うことができるでしょう。

しかし、どんな自己啓発本を読んでも、どんなセミナーに参加しても、自信に満ちた自分に生まれ変わることができなかったという人は、〝幼少期のセルフイメージ〟、つまり〝心の土台〟が歪んでいることが多いのです。

そういう人は、その歪みを改善していくために、〝生まれて初めて自分がイメージした自分自身〟と向き合うことから始めてみましょう。

「傷ついた子どもの心」を癒やさないと、一生くよくよ悩み続ける

小さなころ、よくひとりで留守番をしていて寂しかった。
お母さんが忙しくて遊んでもらえなくて、悲しかった。
お父さんが、お酒を飲むと怒りっぽくなって怖かった。
下に弟や妹が生まれてから、お母さんにかまってもらえなくなった。
お父さんがとても厳しくて、ほめてもらったことがない。
両親がいつもけんかをしていて、家の雰囲気がピリピリしていた。
お母さんが何もかも決めて、自分の意見を聞いてもらえなかった。

こうした理由で負ってしまった子どもの心の傷は、痛みを取り除き、癒やしてあげないかぎり、決して消えることがありません。たとえ覚えていなくても、潜在意識の中にずっと残っているのです。

そして大人になってから似たような状況に直面すると、その古傷はズキズキと疼《うず》きます。すると、自分では理由がわからない不安や怒り、悲しみに襲われ、正しい判断ができなくなるのです。

「なぜか、誰もかまってくれないと不安になって自暴自棄になってしまう」とか、「なぜか大声でどなる男性がとても苦手」などというのは、こうしたことが原因になっていることもあります。

この、子どものころから現在までずっと放置され続けた心の傷を癒やすことが、〝心の土台〟を強くする、唯一にして、最高の方法なのです。

さあ、心の傷を修復しよう

ファイナリストたちも号泣

いよいよ、あなたの〝幼少期のセルフイメージ〟を突き止め、子どものころに受けた心の傷を癒やすワークを紹介します。

このワークに取り組むことで、ネガティブな〝幼少期のセルフイメージ〟が癒やされ、心の中にどっしりとした土台を再構築することができます。そうすればChapter4以降に紹介する「〝心の土台〟をさらに強くするワーク」や「現在のセルフイメージを改善するワーク」の効果が、より高まるでしょう。

ミス・ユニバース・ジャパンのファイナリストは全員、このワークに真剣に取り組むことで、号泣する人があとを絶ちません。

あるファイナリストはこう語ってくれました。

「先生の語りかける声が意識を深いところまでつれていってくれました。目を閉じて自分に語りかけているとき、気づいたら涙が流れていました」

彼女は、それまで見えていなかった心の傷に向き合うことができたそうです。

また別のファイナリストは、「あまり親にほめられることなく育ってきました。でも、セルフイメージを改善するワークで小さなころに戻ってやり直したら、もっともっと自分自身が向上する可能性を見出せました！　ありがとうございます」と喜んで報告してくれました。

彼女は本番のステージでも、とても魅力的に輝いていました。

子どものころの自分を癒やすワーク

①落ち着ける静かな環境で椅子に座り、数回深呼吸し、リラックスします。

②自分の目の前に、こちらを向いて立っている5、6歳の小さな子ども（自分の子どものころの姿）をイメージします。子どものころの自分をリアルに思い出せなくても、なんとなくイメージすれば大丈夫です。できれば、何かいやなことがあったのか、寂しそうにしているところをイメージします。

③その子の気持ちを察してあげます。あなたの目の前に立っているその子は、何か話していますか？　その子が何か話しかけてきたら、しっかりと聞いてあげます。何もいわなかったとしても、その子の気持ちをやさしく受け入れてあげてください。

④その子が癒やされるように、その子がかけてほしいと思っているであろう言葉をかけてあげます。

（例）「○○ちゃん、あなたはそのままで価値があるよ」

（例）「○○ちゃん、あなたは〈太っていてもやせていても〉そのままで価値

があるよ」〈〈　〉の中は適宜《てきぎ》、変えてみてください〉

（例）「〇〇ちゃん、お母さんは、あなたのことが大好きよ」

（例）「〇〇ちゃん、あなたはお母さんにとって大切な存在だよ」

こうした言葉をかけながら、小さな子どもの自分をひざの上に乗せて抱きしめ、やさしく背中や頭をなでてあげます。実際になでるしぐさをします。

⑤もう一度、④と同じように言葉をかけます。そして、あなたの言葉を聞いて、その子がうれしそうな顔をしているところ（癒やされているところ）をイメージします。

⑥その子が喜んだり安心したりしているのを感じます。喜んでいるその子をゆっくりと自分の胸の中に入れ（その子と自分が一体となる感じ）、あたたかさや安心感、喜びの感覚が自分の体に広がっていくのを感じます。ゆっくりと目を開けて終了です。

このワークは、1回5～10分くらいで行ないます。

ワークの効果について
――子どもの表情はあなたの心の景色そのもの

このワークは、途中で中断してしまっても効果があります。
最初は②までしか進めない人もいるかもしれません。それでも、まずはそこまでできた自分をほめてください。

ワークのコツは、その子に何が起きたのか、何が原因だったのかを頭で分析しないようにすることです。ただ自然にイメージが現れるに任せます。

自分の心の中で自然と起こる出来事を静かに観察するような気持ちで、リラックスした状態で行ないましょう。

最初は無表情だったり、硬かったりした子どもの表情が、だんだんと明るくなり笑顔になっていったら、うまくいっている証拠です。

このワークは5～10分でできますが、多少、長引いてもいいように時間に余裕をもてる状態で行ない、2週間、毎日続けてみてください。

すると今まで悩んでいた問題が気にならなくなったり他人に対しておおらかになったり、自分の弱さを隠さなくなったりと、さまざまな変化が現れるでしょう。自分では気づかなくても、周りの人が気づいて「変わったね」といってくれるかもしれません。

最初は途中までしかできなかったとしても、毎日、繰り返し取り組むうちに、ステップ⑥まで進めるようになるでしょう。

子どものころの心の傷に気づき、その痛みが今になっても続いていることを理解できたでしょうか。このワークを行なうと、ほかの誰でもない自分自身が、子どものころの自分をやさしく癒やしてあげることになるのです。

すると〝幼少期のセルフイメージ〟を修復することができ、「自分はここにいていいのだ」という自己肯定感や、「私は両親や友人にとって大切な存在なんだ」という自己重要感が高まります。

Chapter 4

すぐに折れない心をつくる新しいワーク

—短時間で絶大な効果のセルフイメージを高める法

The great way to give confidence to yourself.

「自分には価値がある」と確信するために

輝いている人だけがもっている「心のメジャー」

Chapter3の「子どものころの自分を癒やすワーク」は2週間、毎日実践することで、歪んでぐらついていた〝心の土台〟つまり〝幼少期のセルフイメージ〟を修復していきます。過去を癒やすわけですね。それと同時に、今あなたが抱いている**「現在のセルフイメージ」を改善**していきましょう。

「土台の修復」と「積み上げていく作業」、このふたつのワークを同時にやると、もっともスピーディーにバシッと自信をつけることができるからです。

「現在のセルフイメージ改善」のためのもっとも効果的な方法として、ミス・ユニバース・ジャパンのビューティーキャンプで、私がファイナリストたちに指導しているワークを紹介します。

「はじめに」でもお伝えしたように、本当に効くのかなと疑問に思ったとしても、ワークの効果を最大限に引き出すため、素直に手順どおりに実践してください。

今現在のセルフイメージを高めるためには、「自分の最終的な目標（人生の目標）」を決めて、自分はその目標を達成するのにふさわしい人間だと「思いこむ」ことが、第一歩になります。他人のものさしに合わせる必要はありません。自分が「ふさわしい」と思えば、それでいいのです。根拠も理由もいりません。

そして、その目標を達成した自分をイメージすることが大切です。

人生の目標を達成した輝かしい自分をイメージすることで、一気にセルフイメージは高まり、そんな輝かしい自分にふさわしくない悪い行動は、今この瞬間からキッパリやめることができます。かぎりある命の時間を存分に活かすための行動が取れるようになっていきます。

大きな目標を設定しないでいると、ついつい、日々の生活のやらなければならない小さな目標を追いかけるだけで時間がすぎていってしまいます。「気づいたらもう、こんな年齢になっていた……」とならないためにも、大きな目標を設定し、それを視野に入れた生き方をしましょう。

あなたは、「人生の目標はなんですか?」と聞かれてすぐに具体的に答えられるでしょうか? 答えられないのなら、まだ人生の目標を定めていない、意識していないということです。さあ、設定してみましょう。

ワーク1

人生の最終目標を掲げる……無限の可能性をインプット

☆なんでもいいから、思いついた達成してみたいことを書き出します。

☆できるだけ具体的に考えます。

☆子どものころの感覚に戻ってイメージしてみます。

「ミス・ユニバースの日本代表となって世界大会に出場し、ナンバーワンになる」
「今年中に結婚して幸せになる」
「3年以内にマイホームの頭金を用意する」
「人気商品を開発して、起業する」など、どんな目標でもいいのです。**まずは今のあなたが思い描ける中で、もっとも高い目標をもちましょう。**

インストラクターであれば、「地域で一番の人気講師となり、たくさんの生徒に喜ばれる」。

エステティシャンや美容師ならば、「日本一の技術をもち、全国に店舗展開する」。

営業職に就いていれば、「誰よりも質の高い資料作成のノウハウを身につけ、会社の業績アップに貢献する」などなど。

なかなか思いつかない人は、「やらねばならないこと」と考えず、子どものときに描いた夢のように、わくわくしてくることを考えるといいでしょう。

セルフイメージが勝敗を決める

私はミス・ユニバース・ジャパンのファイナリストたちに対し、「最高の目標」を掲げ、真剣にその目標に挑んでいくように指導しています。

彼女たちの目標とは、当然、ミス・ユニバースの日本代表となって世界大会でナンバーワンになることです。それなのに、「○○県の代表になって、日本大会に出場できたらいいな〜」としか思っていなかったら、どうなるでしょう？

そのイメージどおり日本大会には出られたとしても、ライバルたちに勝って日本代表になることまでは、かないません。

「日本一」にふさわしい、振る舞いや思考、言動ができないからです。

だからこそ、「私こそ日本代表にふさわしい、そして世界一にふさわしい」という、確固たるセルフイメージを自分の中に築いてもらうのです。それでこそ、本番の晴れ舞台で、最高のパフォーマンスが発揮できるのです。

ポジティブなセルフイメージを描くことができたファイナリストは、それまでと同じようにランウェイ（舞台）を歩いていても、何かが違って輝いて見えます。

セルフイメージの変化が、視線を1センチ上げさせ、いきいきとした表情を生み出したのかもしれませんし、歩く動作をなめらかにしたのかもしれません。

同じように歩いているように見えて、何かが違っているのです。体の動きや流れ、表情が変わり、表現されているものに深みが加わり、見る人の目を引きつける魅力を醸《かも》し出すようになるのです。

何かをしたい、何かになりたいと思ったら、「私はそれをするのにもっともふさわしい」「私はそれになる価値がある」と強烈に思いこんでください。

もちろん、根拠も理由も不要です。

思いこみがあなたのセルフイメージを高め、使う言葉や行動を自然と変えていき、ひいては目標達成に導いてくれます。

「自分の魅力」に気づくために

明日必ず幸せになるために、絶対に必要な条件

最終目標を決め、自分はそれにふさわしいというセルフイメージをもてたら、次はさらにそのセルフイメージを強固なものにしていきます。

それには、**「自分を好きになる」**ことが欠かせません。

自信のある人は、自分のことが大好きです。自分を好きになればなるほど、自分自身を肯定的にとらえられるようになり、セルフイメージもアップします。

自分を好きになれないうちは、絶対に自信はもてません。自信は自分を受け入れ、認め、好きになることから培《つちか》われていきます。自分を好きになることは、自信をも

つために絶対必要な条件なのです。

コンプレックスから解放されればあなたの魅力は爆発する！　ほとばしる！

では、どうすれば「自分を好きになれる」のでしょうか？

ミス・ユニバース・ジャパンのビューティーキャンプで、毎回とても高い効果が出るのが、「自分をほめてもらうワーク」です。

どんなに美しい人でも、コンプレックスのひとつやふたつはあるものです。

そのコンプレックスを丸ごと受け入れ、肯定するために、人に「ほめてもらう」のです。

「あなたは美しい」と面と向かってほめられたときに、その言葉を受け入れ、自分の容姿をそのまま受け入れることができると、容姿におけるコンプレックスから解放されます。心の深い部分から癒やされるので、涙を流す人もたくさんいます。このワークをすると、女性はもちろん、男性も精神的に大きく安定します。

特に女性の場合、精神的な安定が直接、容姿に影響します。

なぜかといえば、コンプレックスとは、自分に対する「ネガティブなセルフイメージ」そのものだからです。

コンプレックスから解放されれば、自分に対するイメージは、当然、好転します。その結果、メイクやファッションも変化して、見違えるように美しくなっていくのです。しぐさや振る舞い、行動も、その高いセルフイメージに合わせて変わっていきます。自然に魅力的な人、きれいな人として生きるようになるのです。

興味深いことに、好きになる相手も変わってきます。セルフイメージが低かったころに好きになった男性とは違うタイプの、外見も中身も自分にふさわしい、レベルの高い男性を選ぶようになるからです。

ビューティーキャンプでは、「美しさに自信をもつ」という目的があるので、あえて容姿に特化してほめ合ってもらいます。**ですがこのワークは、外見のほか、性格、気質といった内面のコンプレックス解消にも役立ちます。**

ワーク2
自分をほめてもらう……輝く魅力をインプット

このワークは、1回5～10分で行ないます。

①ふたり1組で向かい合って座り、リラックスします。

②まず、ひとりの人が、心をこめて相手をほめます。「あなたは美しい」「あなたは素晴らしい」などと、相手の目を見て、ゆっくりと心をこめて数回、繰り返し言葉をかけます。

③ほめる側とほめられる側を交代します。

自分ひとりでやる場合は109ページを参照ください。

Point

相手に語りかけるほめ言葉は、「あなたは美しい」「あなたは素晴らしい」「口元がチャーミング」「髪がサラサラで美しい」「目元がやさしくて魅力的」など、見たままに感じたよい部分を、素直にほめてください。

機械的な語りかけや、感情のこもっていない語りかけでは効果が出ません。

お互いに真剣に相手に言葉をかけ、ほめられたほうは真剣に相手の言葉を受け入れましょう。

恥ずかしがって笑ったり目をそらしたりせずに、真面目にやることが大切です。

相手の目の奥、心の中心に向かって言葉を届ける気持ちでやってください。

相手の目を見つめながら真剣にほめ言葉を聞いていると、やがて胸の奥があたたかくなり、冷たい氷が溶けるように奥のほうにある自分を否定している心が癒やされていきます。

そして、ほめ言葉を受け入れられるようになると、心の深い部分に隠されていたコンプレックスがなくなっていきます。

「自分はそのままで素晴らしい！」と心の底から思えるようになり、セルフイメージが改善されていきます。

「鏡」と「写真」があれば自分ひとりでも魅力を咲かせることはできる

一緒にワークをする相手がいない人や、ひとりで好きな時間にやりたい人は、自分で自分をほめるという方法でも効果があります。

鏡で自分の姿を見る回数を増やしたり、よく撮れている自分の写真をスマートフォンに入れたりして1日に何度も見ましょう。

鏡を見たときは、きれいに映る角度や表情を試してから、**「ほら、やっぱりきれい」「ほら、やっぱり私はかわいい」**といって再確認しましょう。

これを続けていると、「私はかわいい」「私は美人」という意識が、心の底に根づいていきます。

重要なのは、この「ほら、やっぱり」という言葉をポジティブに使うことです。

容姿に自信がない人は、鏡や自分の写真を見るたびに、「ほら、やっぱり私はかわいくない」と思ってしまい、ネガティブなセルフイメージを強固にしてしまいます。この習慣を逆転させてください。

「かわいい」「きれい」「素敵」「素晴らしい」など、なりたいと思う理想の自分にふさわしい言葉を選んでください。極端にいえば、自分を好きになることができるなら「おやすみなさい」など、ほめ言葉でなくてもいいのです。

「ほめてもらうワーク」に取り組んだ結果、「私は素晴らしい！」と少しでも思えるようになったら、継続して自分で自分をほめる習慣をつけてください。

改善に成功したセルフイメージは、よいイメージを繰り返し刷りこんでいくことで、強固になっていきます。落ちこんだり失敗したりすることがあっても、崩れることなく立ち直る力を与えてくれます。

「自分の意志」を尊重するために

「自分はこうしたい！」──他人を気にせず行動できる人の特徴は、ここに表れる

もし今、テンポのいい音楽が聞こえてきたら、あなたはまったく体を動かさないでしょうか？　それとも楽しくなって体を動かしますか？

小さな子どもだったらテンポのいい音楽が流れてくると、自然に飛び跳ね、愉快な気持ちになって踊り出しますね。

これは、誰かから教わったものではなく、本能的な行動です。音楽に合わせて無意識的に体が動くのは、私たちが生まれながらにもっている喜びの表現方法です。

ちなみに、形式化され、洗練された踊りは文化的、社会的なものです。

もし、自然に踊れないとしたら、何かが踊ることを止めているのです。

「恥ずかしい」「へたな踊りをしたら変に思われる」「私は踊りが得意じゃない」「踊り方を知らない」などといった思いが、あなたの体を縛りつけていませんか?

大人になるほど、自由に動くことをたしなめられることが増えていきます。電車の中では静かに、職場ではきちんと椅子に座る……などなど「大人しくすること」を要求されるようになっていきます。**しかしじつは、こうした体の束縛は、心や思考も束縛していきます。**自由な発想を押し殺してしまうくせがつくのです。

誰も見ていない自分の部屋の中で、ぜひ、音楽に合わせて体を動かしてみましょう。気分もよくなり、心が解放されるのを感じることでしょう。

体を楽しく動かしているとき、いやなことは考えられないものです。必然的に思考がポジティブになり、驚くほど簡単に自分に対するイメージが変化していきます。

というわけで、最後は、体を動かすワークです。

このワークは**大勢の前で話すとき、試験を受けるとき**など、不安や緊張で体が硬くなってしまったり、表情がこわばったりしているときにもっとも効果を発揮します。一瞬でセルフイメージが高まり、落ち着いて本番に臨むことができます。

心と体はつながっているとよくいわれます。音楽に合わせて楽しく踊ることで、心も楽しく愉快になり、セルフイメージが高まるのです。

ワーク3
好きなように踊る……自由をインプット

このワークには、特にコツはありません。**やり方は、自分の好みの音楽に合わせて自由に体を動かすだけです。**

片方の足でリズムを取るような小さな動きではなく、全身を大きく動かして、子どものように自由にのびのびと、はしゃいでみてください。


ミス・ユニバース・ジャパンのビューティーキャンプでも、ファイナリストたちに音楽に合わせて自由に踊ってもらいました。

日本大会ではダンス審査もあるのですが、このワークはダンス審査への対策ではなく、セルフイメージの改善のためだけに実施しています。

ダンスをしたあと、ファイナリストたちの表情は、ワークの前とは別人のように明るくなります。「私はできる!」という確固とした自信が宿ったことで、笑顔そのものが変わります。目の奥が輝き、喜びがあふれる、取り繕ったところのない笑顔といったらいいでしょうか。

ビューティーキャンプへ参加している期間中、ファイナリストたちはお互いがライバル同士です。そのため、どうしても気持ちがピリピリと張りつめてしまうのですが、自由に踊ることで気持ちがほぐれ、心に余裕が生まれ、その後のビューティーキャンプでは、ほどよい緊張感を保つことができるのです。

ゆったり優雅に動く
――スピードひとつでこんなにいい変化が起こる

今すぐ心を明るく元気にしたいというときは、体の状態を柔らかく、リラックスさせることです。

心が沈めば、体は硬くこわばり、動きにくくなります。

心が喜べば、体は柔らかくリラックスし、内側からエネルギーがあふれ、目も肌も、いきいきと輝いてきます。

体を柔らかくするにはまず、全身の力を抜きます。首や肩、背中に力が入っていると感じたら、そこを意識して力を抜いていきます。そして胸を張り、背筋を伸ばし、姿勢をよくします。

動作は、せわしなくするのではなく、あたかも優雅なプリンセスのようにゆったりスローにします。視界を広く保ち、周りの音や声をよく聞くようにすると、口角が少し上がり、あごからも力が抜けていきます。

これは、自信にあふれているときの体の状態です。心もリラックスして気分がよく、明るくなってきます。心配事や悩みがスーッと軽くなっていきます。

この状態をよく覚えておき、元気になりたいときの指標にするといいでしょう。

才能やオリジナリティを存分に発揮する、たったひとつの条件

人の才能は、どんなときに発揮されるのでしょうか？　あなたは、何をしているときに、自分が一番輝いて、最高のパフォーマンスを発揮できていると思いますか？

仕事をしているときですか？　遊んでいるときですか？　スポーツをしているときですか？

人は大好きなことをしているとき、もっとも輝き、最高のパフォーマンスを発揮します。自分のしていることに大きな喜びを感じ、もっとも自己評価が高くなり、強い自信を感じることができます。

私の場合はセミナーで話しているときや、小笠原諸島で野生のイルカたちと泳いでいるとき、心身ともに充実した状態になっています。体が思いどおりに動き、いいたいことがスラスラと口から出てきて、頭がスーっと軽く爽快になり、なんでも

できそうな気持ちになるのです。

そういうときは自然と笑顔になり、喜びがあふれてきます。背筋が伸び、胸を張り、顔はやや上向き、体全体が輝いているように感じます。アイデアが泉のようにこんこんと湧いてきて、新しいことに挑戦したい気持ちになり、心配や不安、恐れはまったく感じません。

これは、自分だけが感じる変化ではありません。**周りからもあなたは輝いて魅力的に見えています。**

ワーク4

大好きなことをする……
オリジナリティを発揮するチャンスをつくる

今している仕事を好きになれたら最高です。それがどうしても難しいと感じるようなら、週に一度は、大好きなことをする時間を取りましょう。

「自分の存在価値」を高めるために

「誰かの役に立つこと」の素晴らしい効果

ある女性は、専業主婦をしており、趣味と呼べるようなものが何もありませんでした。

彼女は、挨拶や自己紹介をする機会があるたびに、「自分は何もアピールするものがない、自分を表すものがない」と、悲しく感じていたそうです。

また、同居している姑の愚痴を聞くことが苦痛なのに、反論することができずにいました。ストレスを発散しようと思っても、姑《しゅうとめ》の目が気になり、外出もままならなかったそうです。

そんな彼女が、たまたま知人の美容関係の仕事を手伝うことになりました。

彼女は、お客さまから「きれいにしてくれてありがとう！」と喜ばれるたびに、自分が人の役に立てていることを実感できるのがうれしくて、思いがけずその仕事が大好きになったそうです。

また、お客さまとの雑談をする合間に、「肌がきれいですね」とほめられて、心がパァ――ッと明るくなっていくのを感じたのです。

今では異業種交流会などにも積極的に参加しているようです。名刺交換や自己紹介をする機会は増えたけれど、誇りをもって自分をアピールできるようになったといいます。

彼女の場合、**「大好きなことができた」「人から認められるようになった」「人の役に立てている」**という3つの要素が、自信の強力な後ろ盾《だて》となっています。

人は誰かに「認められ（ほめられ）ること」「必要とされること」を無意識のうちに求めています。ですから、彼女のように、誰かの役に立っていると実感できることをすると、自分自身を誇れるようになります。

ワーク5
誰かのためになることを願いながら仕事をする

①毎日、ひとつ、誰かのために何かをしてみましょう。

②今、自分がしている仕事が、たとえ大好きな仕事ではなかったとしても、「誰かの役に立っている」と思って真摯《しんし》に取り組みます。

誰かをラクにするために、何か改善できることはありませんか？　誰かを楽しませてあげるために工夫できることは？　誰かの笑顔のために働けば、自信をつけて輝くことができます。

さあ、Chapter4で学んできたワークを実践することで、今現在のセルフイメージを改善することができました。

Chapter5ではこの築き上げた〝心の土台〟をキープするための行動を、ご紹介します。

Chapter 5

一生、折れない自信が続く！
アフターケア

—修復した“心の土台”を守るための注意点

The great way
to give confidence
to yourself

aftercare 1

心から笑う

「何もしない」には限界がある。庭も心も、マメな手入れが必要

幼少期に築かれ、長年にわたって歪みが強化されたセルフイメージを修正することに成功しても、**今までと同じような生活習慣を続けていると、またもとに戻ってしまう**こともあり得ます。そうならないために、このChapter5で紹介するアフターケアをぜひ習慣にしてください。

ミス・ユニバース・ジャパンのビューティーキャンプの講義は、1時間ほどのかぎられた時間で最大の効果を得られるよう、実践するワークの数を必要最低限に絞っています。でも本書では、自宅でじっくり取り組むことができるあなたのため

に、ミス・ユニバース・ジャパンのビューティーキャンプでは行なっていない、再構築した〝心の土台〟をキープするための、強力な「アフターケア」をご紹介します。

家屋でも庭でも、長年手入れをせずに放っておけば雨漏《も》りがしたり、雑草がおいしげったりします。学校で学んだ知識も、時間が経てば古くなるのですから、最新の情報を学んでいく必要があります。

そしてまた〝心の土台〟も、一度完璧に修復したらそれで終わりということはありません。庭の手入れや勉強と同様に、マメにメンテナンスしていくことが必要なのです。

どれもわずかな時間があればできますし、抜群に効果が高いことばかりです。ぜひ試していただき、いやなこと、つらいことがあってもへこたれない〝心の土台〟をつくってください。

笑っているとき〝心の土台〟は安定している
――「いい笑い」は人生の可能性をさらに広げる

子どもは笑いの天才です。大人にとってはなんでもないこと、思いもよらないことに面白さを見つけ、心の向くままに笑うことができます。

あなたは、床に転がってお腹がよじれるほど笑っていた子どものころを覚えていますか？「お願いだから笑わせないで！」と呼吸も苦しくなるほど笑った経験はないでしょうか？

あのころのように、今も笑うことがありますか？

ためらいなく笑えるということは、強くて安定した〝心の土台〟をもっているということ。つまり、大きな自信をもっているということです。

幼稚園児や保育園児たちに将来の夢を尋ねると、テレビアニメのプリキュアや特撮ヒーローの仮面ライダー、宇宙飛行士になりたいという子がたくさんいます。これこそ、まさに自信のある証です。大人の目には現実をよくわかっていないだけのように見えますが、「自分は何にでもなれると信じられる」――そこが子どもの素晴らしいところです。

それがどうしてみんな、大人になるとあきらめてしまうのでしょうか？

成長するにつれて現実の厳しさを知ることも理由のひとつでしょうが、**笑わなくなることにも関係があります**。ずっと笑わないでいると、〝心の土台〟はもろくなるのです。

人は楽しさや喜びを感じているときは、自分を肯定できます。自信がみなぎり、大きな可能性があると感じられます。

ですから、笑うことで〝心の土台〟は安定します。心から笑うほど、無条件に「私は何があっても大丈夫」という安定した感覚が生まれます。

たくさん笑って、自分の可能性を疑うことなく信じ、大きな夢をもっていた子どもの心を取り戻しましょう。無邪気に笑う機会が増えてくると、〝心の土台〟はしっかりと強くなっていき、いろいろなことに挑戦してみようという気持ちがあふれてくるでしょう。人生に可能性が増していきます。

「おもねる笑い」はNG

ひとりのときでも、思い出し笑いやマンガ、落語、漫才などを見て笑うことはできます。

しかし、ひとりで笑うより、誰かと一緒に笑うほうが楽しさは倍増しますね。ぜひ友だちやパートナーと一緒に笑ってみましょう。

笑う方法は、なぞなぞを出し合うとか、しりとり、ジャンケンなど、子どものころにやった単純な遊びがおすすめです。童心に返ることで、自分の可能性を信じて疑わなかった子どものころの感覚を思い出せるからです。

どうしても笑えない、楽しい気分になれないという人は、騙されたと思って1分間「アハハハ！」と声を出して笑うまねをしてみてください。体を動かすと楽しくなるように、不思議と本当に楽しくなってきます。

これを継続していけば、笑うことを我慢して縮こまっていた自分の心が解放され、

のびのびと癒やされていきます。

注意したいのは「誰かのために無理して笑わない」ことです。

誰かのために笑うというのは、自分の本当の気持ちを殺して、相手に「おもねる笑い」や、相手に悪く思われないようにする「愛想笑い」などのことです。これらの笑いには、〝心の土台〟を強くする力はなく、自信にも結びつきません。

自信をつけるための笑いは、このような「相手のための笑い」ではありません。

心から楽しいとき、うれしいときに自然と出てくる笑いを大切にしてください。

感情はお天気のようなもの

「いつもイライラしていて、ちょっとしたことですぐに不安になるんです。だからネガティブな感情を全部捨て去って、いつもポジティブな感情しか湧いてこないようにしてほしいんです」と、私のカウンセリングを受けにくる人が結構います。

しかし、お天気に「雨」や「曇り」「台風」「雪」の日もあるように、ネガティブな感情だって湧いてくるほうが自然なのです。**そのネガティブな感情を否定し、抑えこんでも、その感情が消えてなくなるわけではありません。溜めこんでしまえばイライラの原因になったり、体調不良を引き起こしたりします。**

私たちに生まれつき備わっている性質に、不必要なものはひとつとしてありません。

怒りや悲しみ、恐れといった感情も、必要だから生まれつき備わっているのです。

感情には大きく分けて、「喜び」「悲しみ」「怒り」「恐れ」の4つがあります。

「喜び」は、人生をいきいきと楽しくすごすために必要な感情です。

「怒り」は問題を解決し、自分自身や愛するものを守るためのパワーになります。

「悲しみ」は死別・離別や失恋などの喪失体験を乗り越えるのを助けてくれます。

「恐れ」は来《きた》るべき危機に備え、危険を回避するために必要です。

もちろん、社会生活上、感情をむき出しにできない場面のほうが多いでしょう。やむを得ず抑えこんだネガティブな感情を、その日のうちに解消することが、心を傷つけないために必要なのです。

ネガティブな感情を消すワーク

①**今日、いやな思いをした出来事をひとつ思い出します。**今、そのいやな思いをした場面にいて、自分にいやな思いをさせた相手が目の前にいるところを具体的に想像します。

②**「私は腹が立つ」と相手にいいます。**いいながら「腹が立つ」気持ち、つまり怒りを感じたら、目の前の相手に向かって「私は腹が立つ」といってから、何に腹が立つのか（本当はどうしてほしかったのか）を伝えてください。それから、その「腹が立つ」気持ちをよく感じます。

③**「私は悲しい」と相手にいいます。**②で腹が立っているわけではないと感じたら、今度は「悲しい」で試してみます。悲しい気持ちを感じますか？ も

し「悲しい」気持ちを感じたら、②と同じように、目の前の相手に「私は悲しい」といい、具体的に何が悲しいのかを伝え、「悲しい」気持ちをよく感じます。

④「私は怖い」と相手にいいます。②と③で怒りも悲しみも、しっくりこなかったら、最後は恐れを感じるかどうか、確認してください。恐怖を感じたら、目の前の相手に「私は怖い」といって、何が怖いのかを相手に伝えてください。それから、その「怖い」気持ちをよく感じます。

あなたがこれまで表に出すのを我慢していた感情は、あなたの自然な気持ちです。それがネガティブなものでも、無理に封じようとしないで素直に感じてください。感じることで心は癒やされてバランスを取り戻し、ポジティブな状態を保ちやすくなります。

afteRcare 2

感謝を示す

「ありがとう」が素直にいえないようでは自信はつかない

「ありがとう」という言葉をほとんどいわない人がいます。

こちらが親切にしても、当然のような態度をしている人です。そういう人の中には、お礼の言葉を口にしてしまうと「自分が相手より立場が低くなったり、負けを認めたりする気がして、いえない」という人がいます。勝ち負けに強くこだわり、何事においても勝たないといけないと思っているから、お礼を口にしただけで相手に負けるような気がするのです。

「ごめんなさい」を口にできない人も理由は同じです。このような人は、自分の価値を上げるために、なんとかして人の上に立とう、負けないようにしようと一生懸命努力に勉強をしたり仕事をしたり、たくさんの資格を取ったりします。そうすれば自信がつくと思っているからです。

そうした資格や能力アップにたよった自信ではなく、あるがままの自分を、かけがえのない存在だと思えるようになると、素直にお礼がいえるようになります。

これは「逆もまた然り」で、**心から素直に「ありがとう」がいえるようになると、自分自身を価値ある存在だと思えるようになり、自信がついてくる**のです。

素直に感謝するといっても、何に感謝すればいいのかわからないと思う人は、次のワークをお試しください。

素直に感謝できるようになるワーク

このワークは、3分ほどで行ないます。

家に帰ってほっとひと息ついたときや、夜寝る前に、今日1日を振り返って、感謝できることをノートに5つ書いてみてください。そう、「感謝の日記」をつけるのです。簡単な箇条書きでかまいません。

Point

さあ、書けましたか？ スラスラ書けたでしょうか？ ひとつかふたつしか出てきませんでしたか？ 5つ以上書ければ文句なしです。

もし、時間がたっぷりあって、100個書いてくださいといわれたらどうでしょう？ 98個目、99個目、100個目にはどんなことを書いていると思いますか？

健康であること。仕事ができること。友だちがいること。家族がいること。呼吸ができること。地球が存在していること。

100個も思い浮かべようとしたら、こんなふうに、日ごろ、あって当たり前だと思っていることにも感謝しないと書くことができません。**そして、この「当たり**

前だと思っていることにも感謝する」という心が非常に大切なのです。

ふだん、なんとも思わないようなことの中にも、ありがたいことはたくさんあります。病気になってから、職を失ってから、大事な人と別れてから、健康や仕事、家族や友人のありがたみに気づいても遅いのです。

人はつまらないことをきっかけに、簡単にいさかいを起こします。それなのに、家族や友人がこれまでずっとあなたを受け入れ、仲よくしてくれていたことを思ったとき、感謝せずにはいられなくなるはずです。つまり、平穏無事に生きているというだけでも、とても素晴らしいことであり、ひとつの奇跡なのです。

寝る前に「今日も恵まれた1日だった。ありがとう」と感謝すれば、いい気分で眠りにつき、いい気分で新しい朝を迎えられるようになります。

1日5つ「感謝の日記」を3週間書き続けたなら、忙しさのあまり忘れてしまっている数々の奇跡を発見することができるでしょう。「私はとても恵まれている。たくさんの人や関わるものによって生かされている。本当にありがたい」と心から感謝できるようになります。毎日が楽しくなっていきます。

aftercare 3

つらい記憶はさっさと忘れる

もったいない！ いつまでも昔の「思い出」に苦しめられていませんか？

あなたは、楽しい記憶といやな記憶ではどちらをよく覚えていますか？

つらい記憶を忘れることができず、いつまでも引きずっていると、繰り返し思い出し、そのたびに暗い気持ちになります。それどころか、「また失敗するかもしれない」と挑戦することを恐れて二の足を踏み、積極的に行動できなくなってしまいます。

「忘れる」という脳の働きは、とてもありがたいものです。大事な約束や財布を置いた場所を忘れてしまうのは困りますが、**過去のいやな出来事や感情を忘れること**

は、心の健康のためには必要なことです。いやな記憶はマイナスの感情を生み、心の健康をむしばむからです。

無意識下で心に悪影響を与えるほどの非常につらい記憶は、ひとりで解決しようとしないで、医師やカウンセラーなど専門家と一緒に癒やす必要がありますが、比較的軽い、いやな記憶は、次のワークでさっさと忘れてしまいましょう。

記憶というのは案外、いい加減なものです。

家族や兄弟で数十年前の思い出話をすると、同じ出来事でもお互いの記憶がまったく食い違っていることがあります。

過去の記憶は、「こうだったらよかったのに」という理想の結末にすり替えられてしまうことがあるのです。この脳の性質を意図的に応用して、つらい記憶を書き換えてしまいましょう。

いやな出来事を忘れられる記憶の書き換えワーク

たとえば、みんなに無視されたというつらく悲しい記憶があったとしたなら、「彼女は、本当は私に話しかけたかったけれど、恥ずかしくてできなかったんだ」「笑顔で話しかけてくれた」など、望みの展開に書き換えてみましょう。

いやな記憶をはっきりと思い出すのはつらい作業ですが、理想の結末にすり替えて繰り返し思い出せば、それが本当の記憶として脳や心にインプットされます。

また、**ふだんから過去の楽しかった記憶をよく思い出すようにすることも大事です**。リラックスして、楽しかった旅行や仕事で成功したときのこと、友人や家族からほめられたときのことを思い出して、明るい気分に十分浸るようにしましょう。

いやな記憶をいいものにすり替え、楽しかった記憶、幸せな記憶を思い出す回数が増えていけば、過去の苦しみから解放されるのです。

aftercare

4

たっぷりスキンシップをする

「私は愛されている」という安心感を育てるヒント

〝幼少期のセルフイメージ〟つまり〝心の土台〟を細かく分解していくと、一番下に**「私には生きる価値がある」**という層があります。

その上には**「私は愛されている」**という層があり、さらにその上に**「私は重要な存在である」**という層があり、全部で3つの層があります（141ページ参照）。

その2層目「私は愛されている」が強くしっかりとしたものになるかどうかは、3歳くらいまでに決まります。

赤ちゃんは不安になると泣きます。そこで自分を愛してくれる人に抱っこをされるなどのスキンシップをされると、オキシトシンという愛情ホルモンが体内に分泌され、愛情を感じ、安心します。

この時期までに、たくさんスキンシップをしてもらった子は、「私は愛されている」と強く確信して育ちます。

そして子どもは成長すると、お母さん（または、お母さんの代わりに抱っこして育ててくれる人、以下同じ）が近くで見守っていてくれれば、少し離れたところまで冒険に出ていくことができるようになります。

何か怖いことがあると、すぐに安全なお母さんのもとに戻ってきて抱きつき、なぐさめてもらいます。そしてお母さんの腕のぬくもりに包まれることで気持ちを安定させ、また再び冒険に出ていく元気と勇気をたくわえます。

社会に出ていき、新しいことにチャレンジする勇気や自信も、もとをたどれば、お母さんの抱っこから生まれてきているのです。

小さな子どものころに母親に抱っこをしてもらった身体感覚があれば、〝心の土台〟の中の「私は愛されている」の部分が強固になり、人間関係や社会に不安や恐怖を感じても、「何があっても大丈夫」という自信をもつことができます。

幼児期のスキンシップが情緒安定のカギ。でも大人になっても間に合います！

生きづらさを感じている人。いつもなんとなく安心できない人。人を信頼しにくい人。親しくなった人がいつか自分から離れていってしまうような不安を抱いている人。**このような不安にとらわれてしまっている人は、親や養育者との関係を思い返してみましょう。**

特に母親のように、生まれてからもっとも近くで自分を育て、守ってくれた人との関係は、生きていくうえでの安心感、信頼感、寂しさなどと密接に関係しています。

親と早くに別れてしまった。親が病気がちで甘えられなかった。親が忙しくてひとりですごす時間が多かったなど、3歳くらいになるまでに十分なスキンシップを与えてもらえないと、安心感、信頼感を感じにくいまま大人になってしまうことが

◆心の土台の3層イメージ

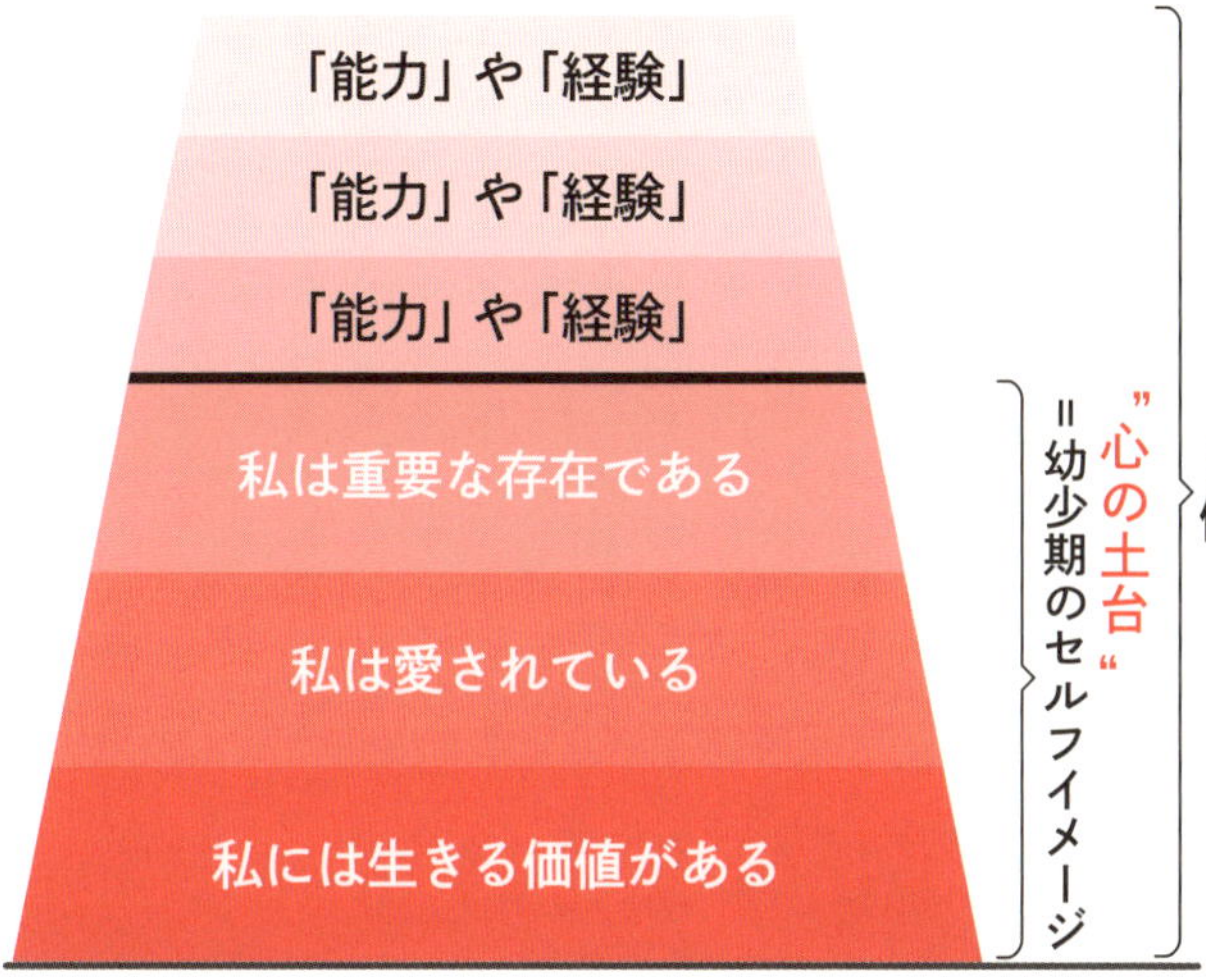

“心の土台の3層”

第3層	**私は重要な存在であるの層** …3歳から5、6歳ごろにつくられる。 私の存在そのものが周りの人から尊重されているという感覚
第2層	**私は愛されているの層** …0歳から3歳ごろにつくられる。 私の存在そのものが周りの人から愛されているという感覚
第1層	**私には生きる価値があるの層** …0歳から1歳ごろにつくられる。 この世界は安心できるところだ。私はここにいていいという感覚

あります。

そして、ハグや握手など、人に触られることが苦手になる傾向があります。

「スキンシップが不足しているのに、なぜいやがるのだろう？」と思われるかもしれません。心の底ではスキンシップをほしがっているのですが、スキンシップがない状態に慣れてしまったために、人から触れられることや、人に触れることが苦手になってしまったのです。

しかし、そのような孤独感や寂しさを埋めるのは、大人になってからでも手遅れではありません。赤ちゃんのときに足りなかったお母さんの抱っこに代わるスキンシップを補って、今から甘え直しをするのです。**人に甘えること、助けてもらうのが苦手な人ほど、たっぷりと触れ合ってください。**

孤独感を癒やすワーク

恋人や伴侶がいる人は、パートナーと触れ合う機会を増やしましょう。

小さなお子さんのいる人はお子さんのためにも、自分のためにも、子どもとたくさんスキンシップをしてください。

ハンドマッサージも効果的です。アロママッサージやエステサロンなどでやさしいマッサージを受けるのもいいでしょう。

犬や猫、うさぎなどのペットと触れ合うことでも癒やされます。ペットが飼えない人は、ぬいぐるみをペット代わりにしてなでてみてください。

ストレスが溜まったり、落ちここんだりしたときに、不安感、孤独感を覚える人も甘え直し、スキンシップを試してみましょう。

aftercare

5

ストレスから遠ざかる、解消する

日常のストレスも〝心の土台〟をもろくする

〝心の土台〟が歪んでしまう最大の要因は、心や体にかかる外部からの刺激、いわゆる「ストレス」です。他人からの何気ないひと言で衝撃を受けたり、恐怖を感じたり、不安に陥ってしまったり、さまざまな心理的ダメージがあなたの〝心の土台〟を歪めてしまうのです。

ストレスという言葉は、正確には「ストレッサー」と「ストレス反応」のふたつの意味を含みます。心や体に負荷をかける刺激、つまりストレスのもとをストレッサーといいます。

そして、ストレッサーによって感じる恐怖や不安、体の強《こわ》ばりなどのさまざまな反応がストレス反応です。

何がストレッサーになるかは個人差があり千差万別です。仕事をストレスに感じる人もいれば、人間関係をストレスに感じる人もいますが、例外なく共通しているのは、**「ストレスは〝心の土台〟をもろくする」**という点です。心や体にほどよい成長をもたらす刺激を「よいストレス」ということがありますが、ここでは悪影響をおよぼすストレスについて考えます。

発散されることなくあなたの中に蓄積されたストレスは、感情と肉体に少しずつ変化を生じさせます。イライラしたり、疲れやすくなったり、食欲がなくなったり、引きこもってしまったりすることもあります。

さらにひどくなると、視野が狭くなって、ものごとを一方向からしか見られなくなっていき、自分自身を客観的にとらえることができなくなります。そうして〝心の土台〟は崩れ、セルフイメージは低くなっていくのです。

こんな状態では、自信をもつことなどとても無理です。ですから、日ごろからストレスを遠ざけ、精神の健康を保つ工夫が必要なのです。

発散は思いきり過激に！「我を忘れてはしゃぐ」のがポイント

もっとも、現代社会でストレスを感じずに生きていくことはほとんど不可能です。ですから、ストレスを受けても、それを心と体に溜めこまないよう、マメに発散し、心を安定させましょう。

では、どうやってストレスを発散するのか？

散歩やショッピング、温泉に行く、友だちとおしゃべりするなどいろいろなストレス発散法がありますが、**ポイントは「我を忘れてはしゃぐ」**ことです。

それには、**体を激しく動かして大声を出す**ことのできる方法がいいでしょう。

たとえば、カラオケ、スポーツ、お祭りなどは、ふだんあまり体を動かしたり、大きな声を出したりしない人には特におすすめします。やる気を起こすドーパミンや幸福を感じさせるエンドルフィン、安らぎを与えてくれるセロトニンなど、さまざまな神経伝達物質も出ます。

もし、大声を出したりはしゃいだりするのが「恥ずかしい」のであれば、そういう人こそ、一度、自分のリミッター（制限）を外して、メーターを振り切るくらいやってみることをおすすめします。幸せのレベルやセルフイメージも上がります。

日常のストレスを解消するワーク

ほかの人には、いいストレス解消になっても、自分にとっては余計にストレスが溜まるなど、ストレスの解消法には人それぞれに相性があります。ですから自分に合った方法を探し、いろいろと試すことが大切です。

具体的には、次のような発散法があります。

- **好きな音楽を聴く**
- **笑う**（お笑い番組を観る）

・**泣く**（悲しい映画を観る、泣ける小説を読む）
・**大きな声で歌う**（カラオケボックスや車の中で歌う）
・**アロマの香りをかぐ**
・**自然の中に出かける**
・**踊る**（ダンスをする）
・**寝る**（消極的に感じますが安眠、熟睡はストレス解消にとても効果的です）
・**遊園地の絶叫マシンに乗る**

ストレスがなくなると、幸福感が上がり、自分には生きる価値があり、自分がしていることは間違っていないという感覚が生まれます。

この感覚が、〝心の土台〟をしっかりとしたものにしてくれます。

aftercare 6

不安をなくす

不安で行動できない人、不安でも行動できる人

「ランウェイ(舞台)をうまく歩けるだろうか」

「自分らしいスピーチができるだろうか」

「選んだドレスは自分の魅力を最大限に引き出してくれるだろうか」

ミス・ユニバース・ジャパンの講義が始まる前にファイナリストたちにアンケートをとってみたところ、皆さん、さまざまな不安を感じていることがわかりました。

しかし、「セルフイメージアップの講義」を受けたあとのファイナリストたちは、表情がいきいきとして、不安な気持ちは吹き飛び、2週間後のファイナルに向け、

みなぎる意欲を燃やしていました。**それまで抱いていた不安が、実体のない思いこみにすぎないとわかり、「行動」にフォーカスできるようになったからです。**

いったい、彼女たちは何をどう学んだのでしょう?

不安は、未来を想像し、悪いことが起きそうだと思ったときに覚える感情です。でも不安や恐怖を感じるからこそ、生命の危険がある物事には近づかないでいることができます。不安や恐怖は、生きるための安全装置なのです。

ところが、生死に関係しないような場面、たとえば、今までやったことのない新しいことをするときや知らない人に会うとき、大勢の前で話すときなども不安や恐怖を覚えます。

そうした不安があるとき、行動できなくなる人と、行動できる人がいます。

その違いはシンプルです。

行動できる人は、不安があったとしても動けばなんとかなることを知っています。このなんとかなるという気持ちが、不安よりも大きいために行動できるのです。

一方、行動できない人は、不安のほうが大きすぎて、なんとかなるとは思えないので行動できません。

その心配事は、確実に起こることですか？

不安のほうが大きくなりがちな人はいつも、うまくいかないのではないか、嫌われるのではないか、笑われるのではないかと考えてしまうくせがついています。

不安な気持ちをなくして自信をもつには、そうした不安になることを考えないことに尽きます。それには、不安になったらその都度、その不安に思う自分の考えが事実かどうかを徹底的に見つめてみてください。

よくよく検証していくと、ほとんどが起きる可能性のないことだと気づくことでしょう。**そう、不安の9割はただの思いこみにすぎないのです。**

もし、きちんと考えてみてもやはり悪いことが起こりそうなら、その予測に向き合って、確実に乗り越えられるよう対策をとることです。

たとえば、今の仕事を辞めて、自分の好きなことを仕事にしたいが、できるかどうか不安で行動に移せないでいるとしましょう。

自分がしようとしていることで本当に仕事になるのかどうか。

お客さんがきてくれるようにするにはどうしたらいいか。

自分の仕事に興味をもってもらうにはどうしたらいいか。

自分の商品を買ってもらうにはどうしたらいいか。

想定し得るあらゆる事態に対処できるよう、一つひとつ確実にできることをしていくことで不安は減り、行動する勇気が出てきます。そしてそれは「自分ならできる」「私は大丈夫、きっとうまくいく」という大きな自信と安心感につながります。

「不安のメガネ」を外し、「安心のメガネ」をかける

何をするにも常に自分に自信がなく不安だという人は、**不安のメガネ**をかけています。不安のメガネをかけていると、見るものすべてが、不安の原因に見えてきます。人を見れば私のことを嫌っているのではないかと疑い、車を見れば事故を起こ

すのではないかと恐れ、犬を見れば噛《か》みつかれるのでは？ と不安になります。

不安のメガネは何でできているのかというと、「自分のものの考え方」「自分の固定観念」からできています。それは往々にして、子ども時代に耳にした不安で否定的な言葉からつくられます。


逆に、人を見れば私のことを好きになってくれると思い、車を見れば乗ったら最高にいい気分になりそうだと思い、犬を見ればしっぽを振ってなついてくると思える**安心のメガネ**もあります。

今日はいい日になりそうだな。

今から会う人と楽しい時間がすごせるような気がする。

相手もこの時間を楽しんでいるみたい。

こんな考えをしていれば、不安な気持ちは湧いてきません。

心が安定していれば、思わぬ出来事が起きても慌てずに対処ができます。

不安のメガネをはずして、安心のメガネをかけることは誰にでもできます。 実際にメガネをかけかえるしぐさをしてみましょう。安心のメガネで世界を見渡してみると、同じことでもそういう見方もあったのかと、新鮮な驚きを得られるはずです。

あれこれ考えるより、3回呼吸を整える

心を落ち着かせる方法として昔からよく知られているのが、深呼吸です。

慌てているときに、いくら「落ち着け、落ち着け」と頭で考えても落ち着けませんが、ゆっくり数回深呼吸をすると、自律神経のバランスが整い、物理的に体の緊張がほぐれてリラックスできます。それにつれて心もリラックスしてきます。

緊張して浅く早い呼吸になっていると、さらに交感神経を刺激し、緊張も不安も倍増します。緊張で気持ちがいっぱいいっぱいになっているときに、あれもこれもなんて、とてもできるものではありません。**ただひとつ、呼吸をゆっくりと整えることに集中すれば副交感神経が優位になり、自動的に気持ちが安心してきます。**

日常の「なんとなく不安」を解消するワーク

不安な気持ちが湧いてきたら、その都度、こまめに取り除くようにしましょう。日常に湧いてきた不安を自分で簡単に軽くする方法を紹介します。

まずは自分が不安であることを認める。深呼吸をしても、不安でしょうがなく焦るばかり……。そんなときは**「不安でいい」**と、自分の現状を受け入れましょう。そうすることで心はラクになります。自分のいいところも悪いところも丸ごと包みこんでくれる、やさしいお母さんに抱かれている気持ちにひたって、「不安でいいよ」「怖くていいよ」と自分にいってあげましょう。

楽しくなる写真を眺める。恋人の写真、ペットの写真、好きなタレントの写真、何度見ても笑える動画など、一瞬で笑ったり、癒やされたりする写真や動画をあらかじめ携帯やスマートフォンに入れておきます。**不安になったときはそれを見て、不安になる思考をストップさせます。**また、携帯やスマホを見るたびにホッと安心することができます。

☆**人工的なものから離れて自然を感じる。**自然には人を癒やす効果があります。たくさんの人に会う、コンクリートの建物の中に長時間いる、コンピュータや人工の照明にずっと囲まれている、車の運転をする。これらは気づかないうちに、疲れをもたらしストレスとなります。都会で生活しているとそれだけでストレスがかかるものです。疲れやストレスが溜まってくると心に余裕がなくなり、どうしても不安に負けやすくなります。

週に1度は自然のあるところに出かけてリフレッシュしましょう。時間がなければ公園に行って、木々の緑や土を見るだけでも不安が軽減します。

Chapter 6

“暮らしの質”を高めて、心を満たす

—上質な日々がセルフイメージをアップし、
大きな喜びをつれてくる

The great way to give confidence to yourself

上質な言葉をふだん使いにする

〝心の土台〟を強化したら、質のよさにこだわってセルフイメージを高める番

Chapter3では幼少期のセルフイメージを癒やし、Chapter4では現在のセルフイメージを改善するワークを紹介しました。

Chapter5ではその改善したセルフイメージを確固たるものとするアファーケアをお伝えしました。ここまでのワークを実践していれば、以前より自信がついてきたことを、すでに実感し始めている人もいるでしょう。

セルフイメージは日々のすごし方しだいで、どこまでも高めることができます。

このChapter6では、**「セルフイメージを高める生活習慣」**についてまと

めました。最初から一度に紹介する項目の全部を意識してすごすのは大変でしょうから、気に入ったものやできそうなものを少しずつ実践してみることをおすすめします。これらが習慣になるころには、あなたが今「こうなりたい」と思っている理想の自分になれていることでしょう。

セルフイメージの高い人と会話する

セルフイメージが高くなった自分をうまく想像できない場合は、一度、セルフイメージの高い人と会話してみることをおすすめします。**相手の態度や言葉づかいから、いい影響を受けて自分のセルフイメージも高まるからです。**

どういう人が、セルフイメージの高い人かというと、自分より立場や力の弱い人にもやさしい態度で接することができ、自然な笑顔を絶やさない人です。

セルフイメージが高いか低いかを見極めるには、その人をほめてみるとよくわかります。セルフイメージが高い人なら、必要以上に謙遜はしません。素直にうれしいと喜び、あなたのほめ言葉を「ありがとう」と受け取って、お返しにあなたをほめてくれるでしょう。

また、セルフイメージが高い人は、低い人があまり使わない**「うれしい」「ありがとう」「楽しい」「ついている」「幸せ」**といった言葉を頻繁に使います。

反対に、「許せない」「ついてない」「なんで（どうして）？」「無理」「バカじゃない」といったネガティブな言葉は使わず、人の悪口や愚痴はほとんどいいません。

セルフイメージの高低は、言葉づかいにも表れるのです。

ほめられても謙遜しない、卑下しない

私たちは起きている間中、常に何かをしゃべり続けています。声を出しているかいないかの違いだけで、頭の中ではひたすらしゃべりっぱなしです。

この「しゃべっている言葉」が、あなたのセルフイメージや物事のとらえ方がポジティブかネガティブかをそのまま表しています。

私のカウンセリングを受けにきたあるクライアントは、わずか1時間のカウンセリング中に「私バカだから」という言葉を5回も口にしていました。

また別の人は、「私かわいくないから」「きれいじゃないから」と何度もいっていました。ウソのようですが実際のケースです。本人はまるで気づいていないのです。

自分についていつも思っていること、つまり自己評価がそのまま口ぐせとなります。だから、自分に対する評価が上がると口ぐせが変わります。

逆に、口ぐせを変えると自己評価が上がり、自分が変わります。相互に影響を与え合っているのです。

ところで、他人の口ぐせには気づいても、自分の口ぐせは自分ではわからないものです。いつも一緒にいる友人に「私の口ぐせって？」と尋ねてみてください。

「でも」「だって」「いやいや」「できない」「ウソでしょ!?」「嫌い」など、否定語やネガティブな言葉をよく使っていると指摘されたら要注意です。

ネガティブな言葉をやめるだけでも、セルフイメージは格段にアップします。そして、心が少しでも躍ったときは、「いいね」「そうそう」「やってみよう」「順調！」「好き」といったポジティブな言葉をどんどん発するようにしていきましょう。

ただし、いくらポジティブな言葉を使うのがいいからといっても、思ってもいない正反対のことを口にするようでは効果はありません。

本当は「大したことない」と思っているにもかかわらず、「すごいね！」と返すのは、やめましょう。要するに、自分にウソをついてまでポジティブな言葉を口にしても意味がないということです。

口にする言葉を変えることで、気分がよくなり、ものごとのとらえ方もさらにポジティブに変わります。今まで使い慣れた言葉を変えるのは簡単ではありませんが、繰り返し使っていると習慣になっていきます。

「反面教師」にするのでなく、丸ごと受け入れる

何事もネガティブにとらえる人からは、ポジティブな言葉は出てこないものです。

誰かにやさしくされても、「下心があるのでは？」と勘ぐってしまうなら、素直にありがとうという言葉は出てきませんね。ですから、ポジティブな言葉づかいを口ぐせにするためには、物事をポジティブにとらえる習慣づけから始める必要があります。

たとえば、電車で小さな子どもがおしゃべりをしているのを見て、「かわいいな」と思うのか、「うるさいな」と思うのか。

もし、「うるさい」とネガティブに思ったなら、どうすればポジティブにとらえ直せるか、その出来事のよいところを探してください。

たとえば、**「うるさいということは、元気がいいということ。子どもらしくて大いに結構！」**などが出てきますね。

ただし、「あの子どもは本当にうるさい。でも、公共の場では静かにしないといけないということを教えてくれている。ありがたい」などと反面教師としてとらえてはいけません。教訓にすることは、一見、ポジティブなとらえ方に見えますが、子どもが大きな声を出していることそのものを肯定しているわけではないからです。

いらない情報はどんどん捨てる

ビューティーキャンプでセルフイメージがガラリと激変する秘密

ミス・ユニバース・ジャパンのビューティーキャンプに参加すると、皆、劇的にセルフイメージを高めることに成功します。

これは、本人のやる気、努力以外にも**キャンプ中に、「余計な情報に一切触れないこと」**が大きく影響しています。

ほんの一瞬気をそらしただけで極限まで高まっていた集中力が途切れたり、誰かの何気ないひと言でとても楽しかった気持ちが急降下した経験はありませんか？

そこからまた集中力を高めたり気分を上げたりするには、長い時間を要してしまいます。

セルフイメージも同様であり、見聞きするものによっても上下します。

たとえば、TVのニュース番組では、悲惨な事故や恐ろしい事件の情報がひっきりなしに流れていますね。1日の始まりにそんなニュースに接すると、意識しなくても気分がどんより沈んでしまうものです。ニュースにつられて「いやだな」「怖いな」とネガティブな考えにとらわれてしまえば、必然的にセルフイメージが低くなっていきます。

また、私たちの脳は、「現実」とTVや映画の「映像」やゲームの「バーチャルリアリティー」を区別しません。TVや映画、ゲームを通じて味わった恐怖体験などは、現実に起きたことと同じく心にトラウマや傷を与えます。

東日本大震災が起きたときに、津波の映像が繰り返しTVで流れるのを観て、トラウマになる人が続出したのは、記憶に新しいことと思います。

TVやゲームがいけないというわけではなく、その内容を自分で選ぶ意識をもつことが大切です。セルフイメージを高めたいときは、ホラーやバイオレンスなどの、心が殺伐《さつばつ》とするもの、恐怖心をあおるものを観るのは避けたほうがいいでしょう。刺激が強く、心の負担になるからです。

セルフイメージを低める情報をすべて遮断すれば、効率よく一気にセルフイメージを高めることができます。

ゴシップガールにならない

誰かの会話、TV番組、音楽、書籍など、目や耳から入ってくる情報を、できるかぎりセルフイメージを高めるポジティブなものに限定していきましょう。

そしてもし、殺伐とした気持ちになる情報を入れてしまったら、心が温かくなるような音楽を聴くなどして、心の状態を常に自分で整えるようにしていきます。

中には、ホラー映画が大好きという人もいるでしょうが、私のワークを実践してセルフイメージが高まってくると、**自然と心温まるストーリーなどを好むようになっていく**でしょう。

感動して胸が熱くなる映画、生きる勇気や希望が湧いてくるような小説やマンガを積極的に選ぶことは、なりたい自分に変わるための力となります。

人の心は畑のようなもの。畑は、放っておくと、いつの間にか雑草だらけになってしまいます。

望む作物を大きく育てるには、耕して、種を撒いて、雑草を抜いて水や肥料をやるといったマメな世話が必要です。

セルフイメージを育てるときも心に害となる情報は入れないようにして、セルフイメージにとって栄養になる情報を積極的に入れましょう。

私の友人に、明るくてみんなに好かれているうえにとても強運な男性がいます。「なぜこの人はいつもこんなにラッキーなんだろう?」と不思議に思い、彼に強運の秘訣について尋ねると、興味深い理由を教えてくれました。

彼は「人をやる気にさせる講演会」「元気が出る落語」などの音声を車での移動中、あるいは就寝前のひとときに聴いて、自分の心をポジティブな言葉でいっぱいにしていたのです。彼のように良質な経験を選んでいくことは大切です。

つき合う人を選ぶ

つき合う人があなたをつくる

セルフイメージを高めて自信をつけるのに「ふさわしい環境」というものがあります。ふだん、**つき合う人を意識して選ぶ**ことで、今までとは環境がガラリと変わるでしょう。

地方大会のファイナリストに選ばれ、ビューティーキャンプに参加したある大学生は、ミス・ユニバース・ジャパンにエントリーするまでは、同じサークルの友人や高校時代の友人など、同世代の似たような価値観をもつ人としか接する機会がなかったそうです。美味しいスイーツを食べ歩くこと、授業の単位を落とさないことには熱心でしたが、歩き方や自己アピールの方法について、深く考えたことは、まるでなかったそうです。

そんな彼女が、2週間のキャンプ後には、歩き方や外見のほか、精神的にも磨き上げられて、ハキハキとした受け答えができるようになりました。セルフイメージがぐんと上がり、自信がついているのは一目瞭然《りょうぜん》でした。

環境は人を変えます。

意識の高い人たちと交わることで、さらに自分の美に対する向上心が刺激されるからです。**外見、内面を磨き合うよき仲間たちと、励まし合い、切磋琢磨し合うことで、ひとりで努力するよりもがんばることができます。**

彼女は、大会で美を競い合った仲間は、今でも宝だといっています。

自分よりセルフイメージの高い人と一緒にすごす

あなたがいつも一緒にいる仲のいい友人は、あなたとよく似ているはずです。

容姿や性格の話ではありません。お互いのセルフイメージの高さが同じであり、似ているのです。

「類は友を呼ぶ」とはよくいったもので、性格や個性はまったく違っても、気の合う友人同士のセルフイメージはほとんど同じレベルであることが多いのです。

セルフイメージをさらに高めるには、あんなふうになれたらいいなと憧れる人、素敵だなと思う人、尊敬する人との交流を深めてみましょう。尊敬している相手のセルフイメージに、自分のセルフイメージが近づいていきます。

ここまでの間に、本書を読むだけでなく、ワークを実践してきた人であれば、今まで遠くから眺めているだけだった憧れの人にも、話しかけてみようと思えるようになっているはずです。

まずはセルフイメージの高い人に声をかけるところから始めて、徐々に会う回数や時間を増やしていきます。最初は数時間も一緒にすごせれば十分です。

一緒に食事をしたり遊んだりして、セルフイメージの高い人の一挙手一投足を観察し、しぐさや行動、考え方や話す言葉をまねるうちに、その人たちの高いセルフイメージに、自分のセルフイメージを近づけていくことができます。

たとえば、誰に相談するかで未来は変わる

あなたと親しい友人に「私、今の仕事を辞めて自分で何か始めたいと思っている」と伝えたら、その友人はなんと答えるでしょう？

「そんな夢みたいなこと考えていないで、地に足をつけて働きなよ」でしょうか？

それとも、「うわあ〜、応援するよ！　がんばってね！」でしょうか？

もちろん何を始めるかにもよるでしょうが、はなから否定する人ばかりが周りにいたら、一歩を踏み出すきっかけさえ得られないでしょう。

「きっと実現できるよ」といってくれる人はあなたの周りに何人いますか？

自分の夢を達成するためのよいアドバイスを得ようと思ったら、**すでにその夢を達成している先輩たちに話を聞くのが最良の方法**です。なぜなら、具体的で本当に役に立つアドバイスができるのは、実際に目標を達成した人だけだからです。

たとえば、50歳をすぎている私が、「今から飛行機のパイロットになりたい」と家族や友人にいったら、「もう年なんだから無理に決まっている」「英語や気象のことも勉強しないといけないのよ」などといわれそうです。

でもこう考えてみてください。

自分の周りの人は誰もその世界のことをくわしく知りません。50歳をすぎて飛行機の操縦の免許を取った知り合いもいません。**知らないのに「できない」と頭から決めつけているのです。**

では、実際に50歳をすぎてパイロットの免許を取得した人を探して、アドバイスを求めてみたらどうでしょう？　なんといわれるか想像してみてください。

「60歳を超えた方でもパイロットの免許を取得しています。アメリカで取得すれば年齢制限すらないですよ。英語や気象の勉強も少し努力すれば大丈夫です。ぼくでも取得できたんだし。あきらめなければきっと取得できますよ」ではないでしょうか。はなから「無理無理、できっこない」という人はいないはずです。

オートマティック《機械的》な反応をやめる

朝起きてから、夜眠る前まで「何も考えていない人」

私たちは、ふだんの生活の中で起こる出来事に対して自分の意志で考えて決め、行動していると思いがちですが、じつはそうではありません。

なんと1日のうち私たちが取る行動の8割は、無意識的で機械的な反応なのです。


朝起きたらすぐにテレビをつける。

電話が鳴ったらすぐに出る。

お昼になったからご飯を食べるなど、ほとんど理由を考えず、機械的、自動的に行動しています。確かに、すべての行動を意識して決定していたら脳がオーバーヒートしてしまうので、機械的に処理せざるを得ないところはあります。

しかし、セルフイメージを高めるためには、その無意識に行なっている日常的な行為の一つひとつに対して、その行動にどんな意味があるのか、別の行動に変えられないかと考え、今までと違った反応をしてみてください。

朝起きてすぐにテレビをつけていたのを、メイクをすませたあとにしてみる。

何かに集中したいときは、電話が鳴っても出ない。

毎日12時に食べる昼食を、今日は少し遅らせてみる。

「そんなことをして、何か意味があるの?」と思うかもしれません。しかし、自分の無意識の行動に気づき、意識的に変えることができたなら、それは小さな成功体験となります。

「無意識にしている行動を自分の意志でコントロールして変えるという体験や達成感」を積み重ねていくと、それが自信につながっていきます。 そして同時にセルフイメージを高められるのです。なぜなら、機械的な無意識の行動の一つひとつが今の自分をつくっているからです。

今の自分を見つめ直して「考えてから行動する人」へ

自分は自信がない、セルフイメージが低いと感じている人は、どういう行動が自分のセルフイメージの低さを表しているかを探してみて、その行動をちょっと変えてみましょう。ちょっとした行動をする前に、自分ならこうするけれど、「あの素敵な人ならどうするだろう？」と一呼吸置いて考えてみるのです。

たとえば、コンビニエンスストアで買いものをしたときに、無言で会計をすませていたなら、店員さんに「ありがとう」といってみる。

天気のいい休日でも家にこもっていたなら、公園に行き、陽の光を浴びてみる。

初対面の人に積極的に話しかけたことがなければ、自分から話しかけてみる。

変えるときのルールは、望ましい自分になるようにするということ、そして将来の自分の目標に役立つような反応にすることです。意識して望ましい行動をしていくことで達成感が生まれ、セルフイメージもよりよく変化していきます。

苦手なことにトライする

できない自分から、できる自分に変わりたい！

訪れたことのない場所に行く、やったことがないことをする……。こういうとき、頭ではやってみたいと思うのに、体が動かないという経験はありませんか？

「自分を変えたい」と思っている人は多くいます。何をどう変えたいのか、よくよく訊《き》いてみると、今の自分には、なかなかできないことを簡単にできるようになりたいという人が多いのです。

やりたいと思ったことがすぐにできる人は、「自信がある人」です。やりたいことができないのは、それが今までにやったことがない未知のことだからというのも原因のひとつにあります。

でも、それをやることで、セルフイメージは上がります。ミス・ユニバース・ジャパンの予選に初めて応募すれば、それだけでもセルフイメージがワンランク上がるでしょう。予選を通過しなかったらどうしようという不安を克服し、応募するという一歩を踏み出せたからです。

しかも、予選を勝ち抜いてファイナリストに選ばれ、ビューティーキャンプをやり遂げ、日本大会に出場することができた暁には、何ものにも代えがたい自信を得て自分を大きく成長させることになるでしょう。

スタバに行くのが怖い!?
——初めてのことが難しい理由

カフェのスターバックスに行く勇気がないという友人がいました。

マクドナルドだとマニュアルどおりの対応をされるので安心だけれど、スターバックスだとたくさんの選択肢があるメニューから組み合わせて選ぶことができないし、店員の予測不可能な声かけに即座に対応する自信がないのだそうです。

こんなふうに、いつも同じような決まった行動しか取れないのは、脳と神経系をつなぐ回路のパターンがひとつしかないからです。これでは、ある出来事に対して感じる感情もお約束のひとつだけ、ある出来事に対して発する言葉もお決まりのことばかりになってしまいます。

まるで、毎日同じ料理をつくっているようなものです。失敗することがないので安心かもしれませんが、いつも同じ味で変化がなく、料理の腕も向上しません。

新しい経験を避けていたら、使われなくなった回路がさびついてしまいます。いざ新しいことをしようと思っても、頭や体が動かないでしょう。いえ、「それをしよう」と考えることさえ、できないかもしれません。

脳に刺激を与え、新しい回路を増やしていくためにも、今までやったことがないこと、苦手だと思っていたことをやってみましょう。 小さなことからでいいのです。だんだんと難しいことにもチャレンジの幅を広げていき、それらを見事克服した暁には、大きな達成感と自信を得るでしょう。

「あがり・緊張」をなくす

なぜ、大勢の人の前だと緊張するのか？

「では、今から皆さんの前で、自己紹介をお願いします！」

「え〜、いやだ〜！　緊張する〜」

「何を話せばいいいんだろう!?」

　自己紹介をしてくださいといわれた瞬間の、多くの人の心の声はこんな感じではないでしょうか。自分に自信がない人には、自己紹介が苦手な人が多いようです。

相手がひとりだとそんなに緊張しないのに、なぜ、たくさんの人を前にすると緊張するのでしょう？

それは、きちんと話そう、変な人だと思われないようにしようと気負うことで、**ふだんの自分ではなくなってしまうから**です。そしてまた、以前に人前で緊張したり失敗したりした経験があり、それを思い出してしまうからでもあります。

大勢の人の前で話すというのは、普通の状態ではないのは確かです。いわば、異常でストレスがかかる状態です。そうした状態に置かれると、人は、「逃げるか、それに立ち向かうか」という選択を迫られます。

いずれにせよ、体の内部では、交感神経が優位になり、アドレナリンが分泌され、心臓の鼓動が速まり、いつでもすぐに動けるよう変化が起こります。これは、異常な状況に対処しようという反応であって、これ自体に良い悪いはありません。適切な反応といえます。

ところが多くの人はこの状態を、緊張している、あがっているととらえて、悪いことだと考えます。でもそうではなく、**大事な行動をする前に体が準備をしている**とポジティブに考えたほうがいいのです。

とはいえ、心臓がバクバクしたり体温が上がったりするのは、狩猟採集時代に獲物を追いかけていたときは適していましたが、大勢の前で話すときにはちょっと邪魔な反応です。しかし、いくら冷静になろう、落ち着こうと頭で考えても、どうにもならないのも事実です。

これは「大勢の前で話すときは、鼓動を早くし頭を真っ白にする」というプログラムが脳にできあがってしまっているから。このプログラムを消さないかぎり、体は同じ反応を繰り返してしまうことになります。

人の脳には、脳幹という爬虫類時代にできあがった古い脳、大脳辺縁系といわれる哺乳類時代にできあがった脳、大脳新皮質といわれる人類に進化してもった脳の3つの部分があります。

もしこの「大勢の前で話すときは、鼓動を早くし頭を真っ白にする」プログラムが大脳新皮質にあるならば、考え方を変えるだけで、ある程度はプログラムを変更できます。**「人前で話すときに緊張する必要はないんだ、ふだんどおりでいい」「失敗したって取って食われるわけじゃない」「誰も自分にそれほど期待しているわけじゃない」**と考えることもプログラムの変更に役立ちます。

「失敗が怖い！」このプログラムを書き換えると緊張しなくなる

ところが、このプログラムが大脳辺縁系や脳幹という深いところに組みこまれていると、条件反射的な生体反応となってしまっているので、考え方を変えるだけでは改善しません。

5、6歳くらいまでの幼少期に、両親や育ててくれた人に、何かができたときだけほめられたり、「お前はダメだ」と頻繁に否定ばかりされたりしていると、絶対的な愛情を得られない悲しみ、恐れ、怒りは、その体験とともに大脳辺縁系や脳幹に刻みこまれてしまいます。すると、大人になってからも、「ちゃんとできない自分には価値がないから、ほめられるためにうまくやろう」としてしまいます。

そのため、人が自分をどういうふうに見ているかを異常に気にすることになります。そしてちゃんとやろうとしてますます緊張する結果、思うようにうまくいかず、さらに落ちこんでしまうのです。

こういう場合は92ページの「子どものころの自分を癒やすワーク」をしてみてください。

人前で何かをする際はうまくやろうと思うのは逆効果になります。もう開き直って、**「失敗してもいい、ちゃんとできなくても死ぬわけじゃない、最悪のことが起こるわけじゃない」**と考えてみてください。たとえ失敗を笑われたとしても、自分という人間そのものが否定されたわけではありません。

そしてもし、笑われたなら、**「場を和ませることができた！　すごいじゃないか！」**というくらい、いいほうにとらえましょう。自分の失敗を「ほめられる」くらいになれば、もう緊張も消えているはずです。

それでもまだ自己紹介で緊張する人は、定番の自分の自己紹介ネタをもっておくことをおすすめします。準備ができているとそれほど緊張しないものです。

あとは場数を踏むこと。これらを心掛け、人の集まる場で率先して自己紹介するようにしていると、いつのまにか緊張せずに自己紹介ができるようになっていることに気づくでしょう。そこまでいくと、それは自信につながります。

自分の意見を主張する

嫌われない努力より、自分を大切にする勇気を育てよう

自分の意見や気持ちを人にちゃんと伝えられる人は、じつは、自分を大切に考えている人です。それは自己尊重の感覚であり、その感覚が自信につながります。

自信のある人は、相手が誰であっても自分の意見を伝えることができます。自信がない人は、人と対立してまで自分の意見を伝えようとしません。たとえ相手が仲のよい友人で、決して頭ごなしに自分の意見を否定してくることのない人であっても、違う意見を口にすることができないのです。

なぜ、自分の意見をハッキリ述べることができないのでしょう?

それは、人に嫌われることを極度に恐れているからです。だから無意味に周りに同調してしまうのです。

こうしていつも周りに合わせるばかりで、自分で考えることを放棄し続けてきたために、自分の意見そのものがなくなってしまっている人もいます。

自分の意見を主張せず、周りの意見に合わせることは、一見、波風を立てないよい行動のようですが、自分の意見を曲げて相手に合わせているのですから、ストレスが溜まります。イライラした気持ちが心を痛めつけ、溜まりに溜まったところで、一気に爆発することもあります。

ふだんは自己主張をしない人でも、家族に対しては臆さずに意見をいえる人もいます。長い間、一緒にすごしてきた家族なら、自分が違う意見を主張したときにどんな反応をするかほぼわかっていて、何をいっても嫌われないという安心感や信頼があるからです。

ところが、よく知らない他人に対しては、そうはいきません。自分の意見にどう反応するかわからないため、嫌われるかもしれないという恐れが生じ、違う意見がいえないのです。

「伝える練習」をすることも大切

よほどのことでないかぎり、相手と違う意見をいっただけで嫌われることはありません。**立場や考え方が違えば意見が違うのは当然であり、特に仕事においては、バラエティに富んだ意見があったほうが仕事の質は高くなります。**

会議やプレゼン、友人たちとの会話の場で、誰も思いつかないようなオリジナリティのある意見をいうと、お約束のように反対意見が出るものです。

それでも、反対意見を恐れずに正直な考えを伝えることが、自分を大切にすることです。そんなふうに自分を大切にしている人を、周りの人は本音では、魅力的に思うのです。

自分の意見をいわずに誰かの意見が通ったとき、「私にもっといいアイデアがあったのに」と不満を感じたことがありませんか？　もしかしたら、提案しても反対されていたかもしれません。しかし、結果が同じでも「自分の意見をいえた！」というだけで、不満の度合いはずいぶん小さくなり、スッキリした気持ちで結果を受け入れられるはずです。

今まで自分の意見を飲みこんできた人は、まずは伝えることで、自分を尊重する気持ちを感じましょう。**自分の感覚を尊重し、大切にする努力をしましょう。**

気心の知れた仲のよい友人と意見を交わす練習をしてみてください。話題は、歌がうまい歌手は誰か、映画はこれが面白い、作家はこの人が好きだといった軽いものがいいでしょう。

自分の意見が正しいかどうか、受け入れられるかどうかという勝ち負けではなく、**自分の意見を我慢せずに主張する気持ちよさ**を感じてください。

コンプレックスを捨て去る

「顔は小さくなければダメ?」偏った思いこみこそが欠点だった

自分は欠点だらけだと思っている人と、自分は長所だらけだと思っている人、どちらがセルフイメージが高いかは、いうまでもありませんね。

自分に欠点があると思っていると、恥ずかしさや罪悪感といったネガティブな気持ちを抱え、悩みながら生きていくことになります。そんな状態では、本人も余計にエネルギーを消耗して疲れてしまうでしょうし、傍《はた》から見ても、自信がなく、暗く陰気に見えます。

自分の欠点だと感じている部分を、隠したりごまかしたりしようとしないでくだ

さい。

「そばかす」を欠点だと思う人もいれば、魅力だと思う人もいます。欠点は、見方を変えるだけで、簡単に長所に変えられます。

また、欠点があるのはよくないという考え自体がよくありません。**人は長所で尊敬され、短所で親しまれ愛されるからです。**

魅力的に見える人の多くは、欠点ともいえるところを逆に個性として輝かせ、まったく隠そうとしていません。自分が今、嫌っている欠点やコンプレックスを認めることで、その部分が素晴らしい個性として輝き始めるのです。

欠点を愛して愛して、魅力に変える

身長が175センチあることをコンプレックスに感じているミス・ユニバース・ジャパンのファイナリストがいました。

彼女は「子どものころの自分を癒やすワーク」に取り組むことで劣等感に正面か

ら向き合い、身長が高いことを長所として誇らしく思えるようになったそうです。
大会のステージで歩く彼女は、とてもどうどうとしていて輝いていました。

あなたが欠点だと思っている部分も、あなたの一部です。自分に欠点があると思うことは、自分自身を否定することになります。自分を否定したまま、自信がもてるはずがありません。

まずは欠点を欠点と思わず、そういう特徴だと思って、そのまま認め受け入れてください。欠点だと思っている部分も、愛すべき自分の個性です。

「いや、私は欠点なんか愛せない！」と思う人は、その欠点があったからこそ経験できた「いいこと」を思い出してみてください。

「そんなのあるはずない」とあきらめないで探してみてください。

・背が高い↓スタイルがいい。シンプルな服が見栄えする
・大きな鼻↓目鼻立ちがハッキリしている

・はれぼったい一重まぶた↓クールビューティー
・顔が大きい↓存在感がある、チームリーダー的存在になれる
・おしゃべり↓話がうまい。コミュニケーションが得意

欠点だと思っていた自分の特徴に魅力を感じられるようになれば、恥ずかしさや卑屈さは姿を消し、立ち居振る舞いがどうどうとしてきます。すると欠点が欠点ではなくなり、周りからは生き生きとしてエネルギッシュで、輝いて見えることでしょう。

自分の特徴を大きな欠点だと思いこみ、とても魅力とは思えないと感じてしまう場合は、Ｃｈａｐｔｅｒ３の92ページで紹介した「子どものころの自分を癒やすワーク」を実践して、そのままの自分を受け入れるようにします。

自分はそのままで愛される存在なのだと気づくことで、欠点だと思っていた部分を欠点だと思わなくなります。

小さなことを気にしない

悩んでいるときは
視野が狭くなっていることに気づこう

悩みをなかなか解決できないときは、悩みや問題が頭の中でどうどうめぐりしているはずです。自分の頭の中だけで解決しようとしても、どうしてもほかのさまざまな要因とごちゃ混ぜになって、もつれた糸のように、ほぐせなくなってしまいます。なぜなら、何本もの糸がからまり合っている全体を大きく見るのではなく、からまった一部分だけを近視眼的に見て解決しようとしているからです。まるでアリを顕微鏡でわざわざ拡大して見て、「キャー怖い！」と叫んでいるようなものです。

そういう場合は、自分自身を一度外から眺めてみるといいでしょう。客観的な視点をもっと問題が整理されて見えます。また、自分の頭の中だけで考えているときはやたらと大きく見える問題も、外から眺めると意外と小さかったりするものです。

たとえば、あなた自身が恋愛に悩んでいるとしたら、**悩んでいる自分自身を目の前にイメージし、具体的に何に悩んでいるのか、しゃべってもらいます。**それを友人の相談に乗っているつもりで聞いて、解決法をアドバイスしてあげてください。

他人のことだと思うと、冷静に眺めることができます。

どうでしょうか？　自分の頭の中だけであれこれと悩んでいるよりもいい解決法が浮かんだのではありませんか？

「高いところから」「ロングに」俯瞰するといい！

高いところに登ってみると今まで見えていた景色が変わり、少し偉くなった気がするのを感じたことがあるでしょう。視点の高さは意識を変えてくれます。

大空を舞うタカのように高い位置から世界を見下ろすと、今まで見えなかったものが見えてきます。自分の周りで起こる物事を広く見渡すことができると、いろいろなものの関係性もわかるようになります。すると、不安や心配も減っていきます。わからなかったものがわかるようになったとき、自分のできることが増えたように感じ、自己評価が上がります。

考え方を変えたいとか、思考がこり固まっていると感じたら、今の自分を高い場所から見下ろす風景を想像してみてください。

最初は、天井から部屋全体を見渡すイメージ。慣れてきたら、だんだん視点を高くしていきます。小高い山の上から街を一望するイメージ、スペースシャトルから地球を見下ろすイメージ、月から地球を眺めるイメージ……。

このくらい高いところから俯瞰《ふかん》できると、自分の一生までも客観視することができるようになります。何千年、何万年といった時間のスケールで、全人類の意識とつながったように感じます。出会う人、出会わない人、すべての人に深い慈しみと共感の感覚がもてるでしょう。自分が抱えている悩みやトラブルがささいなことに思えてきて、今、あなたがわずらわされているものから解放されるのです。

理想の人生を思い描く

最後にとっておきのワークをプレゼント

さて、さまざまなワークを紹介してきましたが、最後にもうひとつ、とっておきのワークをプレゼントします。このワークは「ビジュアライゼーション」といい、夢を実現するテクニックとしても知られています。

〝心の土台〟をしっかり修復し、セルフイメージを高めてきたあなたなら、自信に満ちて輝いている自分の未来を想像することもできるでしょう。

このワークを実践して理想の自分のイメージを定着させると、理想の自分を実現するまでの時間を短縮できます。

理想が現実に変わるビジュアライゼーション

このワークは10～15分程度で行ないます。

①椅子やソファーに、体と気持ちをリラックスさせて座ります。脚や腕を組んでいるとリラックスしにくいので手は自然にひざの上におきます。

②軽く目を閉じ、数回、深呼吸をします。深呼吸をしたあとに、気持ちが沈んでいたり、落ちこんだりしている場合は、楽しいことや愉快なことを思い出して、気持ちを高めておきます。

③1年後、3年後、5年後、10年後など、描きたい未来の時期を決め、そのときどんな自分になっているかゆっくりと時間をかけてイメージします。仕

事がうまくいっている様子、家族が笑顔で喜び合っている様子、パートナーに出会ってデートしている様子など、自由に自分の理想の姿を想像してみましょう。うまく想像できないときは、映画館にいるつもりで、目の前のスクリーンに自分が主人公の映画が映されるのをイメージしてみるといいでしょう。

④ 音や匂い、肌ざわりなど、視覚以外のこともイメージします。自分の未来をイメージしている最中、どんな音が聞こえていますか？ 温度や湿度は？ 誰かと触れ合っていますか？ どんな香りがしていますか？ 雰囲気はどんな感じですか？ 五感すべてを使って具体的に未来の自分を感じてください。

⑤ そのとき、自分がどんな感情を抱いているか、実際に感じます。大切なのは、想像した未来の自分が感じている感情です。喜び、愛情、感謝、親密さ、自由、どんな思いを抱いているのか、実際に感じてください。

⑥ 最後に、未来の自分から現在の自分に対してメッセージをもらいます。

イメージの中で、全身が映る鏡の前に行きます。鏡に映っているのは夢を実現している未来の自分です。どんな服を着ていますか？　どんな表情をしていますか？

未来の自分を想像できたら、現在の自分に対するメッセージをもらってください。1～3分間ほど取って、未来の自分が語り掛けてくれる言葉に耳を傾けます。そして、ありがとうといって未来の自分にお別れしてください。

幸せな感覚を十分に味わい、ゆっくりと目を開けます。

Point

ビジュアライゼーションに取り組む際は、できるだけ細部までイメージしましょう。どんな場所にいるか、誰と一緒にいるか、どんな格好をしているか、どんな会話をしているか。また、想像した自分の姿は必ず実現するという確信をもってトライすることも大切です。

今日からいつもの日常が、特別に変わる！

ビジュアライゼーションを行なう時間は、朝起きたときでもお風呂に入っているときでも、夜寝る前でもOKです。1日の始まりに行なえば、その日をいい気分ですごすことができますし、1日の終わりに行なえば気持ちよく眠りにつくことができます。

毎日行なっても、週に1回など定期的に行なっても、不定期になっても大丈夫ですが、頻度が多いほど効果は高くなります。

また、ワークの手順①では、「椅子に座って」としましたが、リラックスできるなら、寝そべって行なってもかまいません。ただし、ワークの途中で寝てしまわないように注意してください。

このワークをビューティーキャンプで実施したとき、あるファイナリストはこう話してくれました。

「私は周りの人たちからそれほど応援してもらえてないと思いこんでいましたが、違っていました。このワークを受けて、本当はたくさんの人たちに愛され、応援してもらっていたことに気づきました。みんなの応援に応えて精いっぱい、がんばろうと思いました」

ビジュアライゼーションの中でたくさんの人から応援されているシーンを見て、現実にたくさんの人から愛情と励ましをもらっていたことに気づき、より一層やる気が出たそうです。

コツは楽しんでやることです。うまく想像できなかったとしても、がっかりすることはありません。今の自分より少しでも進歩している姿を、一瞬でも想像できたらそれを喜んでください。

何度も繰り返しやっていき、うまく想像できるようになってきたら、どんどん自由に想像をふくらましていきましょう。枠を外し、制限を外し、想像しうるかぎり輝いて活躍している自分を思い描きましょう。

おわりに
気づいたら「気にしなくなっていた」

見た目は立派な大人であっても、私たちの心の中には、「小さなころの子どもの心」が宿っています。

そしてほとんどの人の「小さなころの子どもの心」は、傷ついたまま癒やされていません。

私たちが元気なときは、「傷ついた子どもの心」は表に出てくることは少ないのですが、ストレスを感じたり、落ちこんでいるときなどには、「傷ついた子どもの心」が顔を出してきます。

そうするとどんなにがんばって気持ちを盛り上げようとしても無駄な努力になることが多いのです。どんなに自信をもちたくても、もてなかったり、たとえ自信をもったように思えても、何かでつまずくと、ひどく落ちこんでしまいます。

まずは自分の心の中にいる「傷ついた子ども」に気づいてあげましょう。もしかしたらあまりに傷ついているため、その存在をまったく無視してきたかもしれません。だから気にかけてあげてください。そして少しずつその子の気持ちに寄り添ってあげてください。

悲しかったね、寂しかったね、怖かったね、とその子が心を開いてくれるようやさしく声をかけてあげてください。すると少しずつ傷が癒やされていくのが感じられると思います。

こんな人がいました。つき合っている彼氏に、だらしないところを見せられない。お化粧を落としたすっぴんの顔を見られたくない。いつも完璧な自分を演じてしまう。どんなに困っていても、彼に頼ることができず、ほかの男友だちに助けを求めてしまうのだそうです。

そんなつき合い方をしていると当然、疲れてしまいます。好きだった彼に会うのもだんだんとおっくうになってしまいます。

こういう人は子どものころ、お母さんやお父さんに認められたいと、なんでも一生懸命にがんばっていた人に多いようです。大人になっても、無意識に、彼に認めてもらおうとしていたのです。

そんな彼女も、そのままの自分を認めることができるようになると、いつも肩に入っていた力が抜けてラクになり、彼にも素直に頼ることができるようになりました。

もし、あなたが、いつも完璧を目指して疲れているとしたら、それは誰に認めてもらうための努力だったのでしょうか？

完璧を目指して疲れているとしたら、まずは「このままでいい」と自分の今の状態を認めてあげましょう。そうすることで心はラクになります。

悪いところ、直さなければいけないところをよくする前に、まずは自分を丸ごと認めてあげる。自分のいいところも悪いところもまるごと包みこんでくれる、やさしいお母さんに抱かれているような気持ちにひたりましょう。

何かができる自分も何もできない自分も、今のそのままの自分を、自分でそのまま愛して認めてあげましょう。

本当に自信をもてるようになると、人は、自分に自信があるかについて考えることがほとんどなくなります。

その代わり、ふだんから「自分は大丈夫」という漠然とした安心感や言葉にならない何かに守られている感覚をもち、人からの思いやりを素直に感じられるようになります。

とても温かな幸福感に包まれている感じといってもいいでしょう。


本書を読んで、自信の正体や手に入れる方法を知っただけで満足しないでください。ぜひワークを実践して、このかつて味わったことがないであろう幸福感を自分自身で体感してください。

本当の自分の基盤となる〝心の土台〟を築き上げたとき、あなたはこれまでと比べものにならないほど輝き、ストレスや悩みから解放され、魅力あふれる人に変身しているはずです。

本書があなたを幸せにする一助となることを心から望んでいます。

常冨 泰弘

自分《じぶん》に自信《じしん》をつける
最高《さいこう》の方法《ほうほう》

著　者――常冨泰弘（つねとみ・やすひろ）

発行者――押鐘太陽

発行所――株式会社三笠書房

〒102-0072 東京都千代田区飯田橋3-3-1
電話：(03)5226-5734（営業部）
　　：(03)5226-5731（編集部）
http://www.mikasashobo.co.jp

印　刷――誠宏印刷

製　本――若林製本工場

編集責任者　清水篤史
ISBN978-4-8379-2680-1 C0030